DAVID WEINSTOCK

Schluss mit UNGENÜGEND!

DAVID WEINSTOCK

Schluss mit UNGENÜGEND!

Wie ich vom schlechten Schüler zum 1,0-Abiturienten wurde – und wie du das auch schaffst

mvgverlag

Bibliografische Information der Deutschen Nationalbibliothek
Die Deutsche Nationalbibliothek verzeichnet diese Publikation in der Deutschen
Nationalbibliografie. Detaillierte bibliografische Daten sind im Internet über
http://dnb.d-nb.de abrufbar.

Für Fragen und Anregungen:
info@mvg-verlag.de

7. Auflage 2019

© 2015 by mvg Verlag, ein Imprint der Münchner Verlagsgruppe GmbH,
Nymphenburger Straße 86
D-80636 München
Tel.: 089 651285-0
Fax: 089 652096

Lektorat: Julia Jochim
Umschlaggestaltung: Maria Wittek, München
Umschlagabbildungen: Shutterstock
Satz: inpunkt[w]o, Haiger
Druck: CPI books GmbH, Leck
Printed in Germany

ISBN Print 978-3-86882-598-5
ISBN E-Book (PDF) 978-3-86415-784-4
ISBN E-Book (EPUB, Mobi) 978-3-86415-785-1

Weitere Informationen zum Verlag finden Sie unter

www.mvg-verlag.de

Beachten Sie auch unsere weiteren Verlage unter www.m-vg.de

INHALT

TEIL 3:
GESCHICKTES VERHALTEN AUSSERHALB
DER SCHULE 75

EINLEITUNG

Im heißen Sommer 2012 saß ich allein an meinem Schreibtisch und beschloss, von nun an nur noch Top-Noten zu schreiben. Auf dem Blatt Papier, das vor mir lag, stand in großen Buchstaben: Abiturnote 1,0.

Hätte jemand mich dabei beobachtet, er hätte mich vermutlich für verrückt erklärt oder schallend gelacht. Ich war kein guter Schüler. Ich war sogar äußerst mittelmäßig mit Tendenz zu schlecht. Ich sammelte Vierer und Fünfer, sogar einen Sechser. Dabei gab es keine Ausnahmefächer, nirgendwo fiel ich aufgrund hervorragender Leistungen auf. Mein Zeugnisdurchschnitt bewegte sich über die Jahre zwischen 2,1 in der siebten Klasse und 3,4 in der neunten, in der ich beinahe sitzen geblieben wäre. Ich baute Blödsinn, schwänzte den Unterricht, war häufig unkonzentriert und so ziemlich alles – nur kein guter Schüler. Das Verhältnis zu meinen Lehrern und mein Ruf bei ihnen waren natürlich daher nicht berauschend. Die achte Klasse wäre sogar beinahe das vorzeitige Ende der Schulkarriere gewesen, als ich aufgrund diverser Vergehen gegen die Schulordnung genügend Tadel für die Schulkonferenz beisammen hatte.

Jetzt, zwei Jahre vor dem Abi, hatte ich die Nase voll von schlechten und mittelmäßigen Noten.

Über meine Idee, die Schule mit der Bestnote abzuschließen, von der ich auch noch richtig besessen war, schüttelten allerdings angesichts meiner Vorgeschichte alle ihren Kopf. Ich hatte natürlich auch gar keine Ahnung, ob ich das schaffen würde, und ich wusste schon gar nicht, wie ich das schaffen sollte. Ich hatte mir einfach nur ein Ziel gesetzt und das brennende Verlangen, es zu erreichen.

Wie sollte ich es anfangen? Vor Beginn der Oberstufe hielt ich nach Büchern Ausschau, die Tipps für bessere Noten geben, wurde aber nirgendwo fündig. Ich durchleuchtete den gesamten Markt und fand Bücher, die den Schulstoff vermitteln, wie beispielsweise Pocket Teacher zu den einzelnen Fächern. Was ich allerdings wollte, aber nirgends fand, waren Bücher, die einem Ratschläge gaben, wie man strategisch an das Abitur heranging. Mich interessierte die Psychologie im Klassenraum, wie Lehrer Noten geben, wie ich die Lehrkräfte zu meinen Gunsten beeinflussen kann und worauf es wirklich ankommt, wenn man eine 1+ auf dem Zeugnis stehen haben möchte. Denn Wissen allein bringt nicht die 15 Punkte – dafür muss man weitaus mehr beachten, da war ich mir sicher.

All diese Fragen konnte mir aber keiner beantworten; deshalb entschloss ich mich kurzerhand dazu, mir meine eigenen Methoden auszudenken und diese dann auszutesten, um Bestnoten zu bekommen. Ich recherchierte viel im Internet und sprach mit vielen Ex-Abiturienten, die das Unglaubliche wahr gemacht und eine 1,0 auf ihrem Abschlusszeugnis stehen hatten. Außerdem dachte ich mir selbst immer wieder neue Vorgehensweisen aus, um gute Noten zu bekommen. Dabei kam ich überraschenderweise zu der Erkenntnis, dass man tatsächlich nicht mehr lernen muss als die anderen Schüler und trotzdem viel besser abschneiden kann.

Insofern war die Oberstufe für mich ein langes Experiment. Vorgehensweisen, die nicht funktionierten, verwarf ich schnell, während ich alles, was gut ankam und klappte, beibehielt und optimierte. Ich habe hart daran gearbeitet, meine Methoden immer weiter auszufeilen, und merkte schnell, dass ich dadurch enorme Erfolge erzielte. Ich machte riesige Notensprünge innerhalb kürzester Zeit und wurde sogar zum Jahrgangsbesten.

Ich habe die Schule mit der Traumnote 1,0 abgeschlossen, obwohl in der Mittelstufe fraglich war, ob ich überhaupt ein Abitur ablegen würde. Es steht mir nun frei zu studieren, was immer ich will. Mit einer Menge harter Arbeit, Disziplin, Willenskraft und Geschick konnte ich mir diesen Traum erfüllen. Das Wissen, dass du es schaffen kannst und wie du es schaffen kannst, möchte ich an dich weitergeben. Ich habe aus meinen Erfahrungen Regeln abgeleitet für den ultimativen Erfolg in der Schule, ohne die ich das 1,0-Abitur niemals hinbekommen hätte. Profitiere von meinen Erfahrungen und Ratschlägen, um dir deinen Traum von Top-Noten zu erfüllen!

Was du von diesem Buch erwarten kannst

Zunächst einmal möchte ich klarstellen, was du von diesem Buch nicht erwarten kannst: Du wirst hier keine Erklärung finden, wie die binomischen Formeln funktionieren. Auch keine Interpretation von Goethes Gedichten. In diesem Buch werde ich dir nichts über Biologie erzählen oder wie du Gleichungen richtig umstellst, dazu gibt es genügend andere Bücher. Du brauchst zwar inhaltliches Wissen für gute Noten, aber das musst du dir anderswo holen. Stattdessen zeige ich, worauf es neben dem Wissenserwerb noch ankommt, um die besten Noten zu erlangen, und welches Wissen du dir dafür überhaupt aneignen musst.

Vielleicht hast du eine ähnlich turbulente Schullaufbahn hinter dir wie ich oder vielleicht bist du bisher in der Schule noch nicht richtig in den Vordergrund getreten. So oder so hast du trotzdem die Chance, von nun an richtig loszulegen und ein super Abi zu schaffen. Dabei will ich dich mit diesem Buch unterstützen. Ich werde dir zeigen, wie du möglichst effektiv lernst, was du vielleicht bisher beim Pauken für Klassenarbeiten oder Klausuren falsch gemacht hast und wie du mit viel weniger Lernaufwand viel bessere Noten schreiben kannst. Außerdem wirst du hier Tricks lernen, die dich wenig Zeit und Mühe kosten, dir aber wesentlich bessere mündliche Noten einbringen. Falls du bisher Probleme hattest, dein Arbeitsmaterial übersichtlich zu organisieren, zeige ich dir auch das Ordnungssystem, das ich benutzt habe. Ich werde alle Erfahrungen eines 1,0-Abiturienten an dich weitergeben, alle Techniken, Tipps und Tricks, die ich anwandte, um vom Dreier-Schüler zum Top-Absolventen zu werden.

Übrigens: Auch wenn ich das ganze Buch immer das Wort Schüler verwende, meine ich natürlich auch Schülerinnen. Die Mädchen sind bekanntlich ja sogar im Durchschnitt in der Schule besser als die Jungs, also sogar die heißeren Einser-Kandidatinnen!

Wie du mit diesem Buch arbeitest

Das Buch hat vier Teile. Der erste Teil befasst sich mit dem Vorwissen. Hier geht es um alle Vorbereitungen, die du treffen solltest, damit es mit der Notenwende klappen kann. Es geht um deine Einstellung, um grundlegendes Wissen, wie man überhaupt Ziele erreicht, und um alles, was du über das Abitur wissen solltest. Diesen Teil solltest du unbedingt als Erstes lesen! Und nicht nur lesen; gerade wenn es um die Formulierung präziser Ziele geht oder um die Aufarbeitung von Wissenslücken, solltest du auch alles hier Gelernte anwenden. Je mehr, desto bessere Ergebnisse wirst du erzielen. Das verspreche ich dir! Am besten setzt du alles um. Dann bist du optimal für deine Traumnoten gerüstet.

Im zweiten Teil des Buchs geht es darum, wie sich ein hervorragender Schüler in der Schule verhalten sollte. Hier lernst du alle Tipps und Tricks, wie du deine Lehrer mit guten Beiträgen erstaunen, deine mündlichen Noten extrem verbessern und ganz schnell zum Klassenbesten in jedem Fach werden kannst. Und du bekommst Tipps, wie du den Streberruf, den einige Top-Schüler haben, vermeidest.

Der dritte Teil befasst sich mit allem, was du außerhalb der Schule machen solltest. Er ist eine Art Ratgeber, der dir dabei hilft, herauszufinden, wie viel an Hausaufgaben wirklich notwendig und ab wann sie nur noch pure Zeitverschwendung sind. Außerdem erfährst du, wie ich mich damals organisiert und es gemanagt habe, noch beim Abitur lückenlos alle Informationen der vergangenen zwei Jahre zur Hand zu haben. Ein wenig widmet sich dieses Kapitel auch noch dem Bereich Hobbys und Lifestyle und beleuchtet, wie das auf deine Noten Einfluss haben kann.

Der letzte Teil – ein sehr umfassender und wichtiger Teil – dreht sich um deine schriftlichen Noten. Hier erfährst du, wie du Einsen schreibst. Diesen Teil habe ich absichtlich ausführlich gehalten, da Schüler erfahrungsgemäß größere Probleme haben, schriftlich hervorragend zu sein als mündlich. Hier lernst du, wie Klausuren aufgebaut sind und wie du dich bestmöglich vorbereiten kannst. Du wirst erfahren, dass es einen großen Unterschied macht, ob du dich auf Deutsch oder auf Mathe vorbereitest, und wie du in beiden Fächern fantastisch abschneidest, selbst wenn deine bisherigen Noten wenig Anlass zu Hoffnungen bieten. Du wirst außerdem eine Übersicht über die wichtigsten Fehler finden, die Schüler in Klausuren machen, und wie man diese vermeidet.

Den ersten Teil solltest du sorgfältig durcharbeiten – also nicht nur durchlesen, sondern auch tun, was dir an Aufgaben gestellt wird. Den zweiten und dritten Teil kannst du einfach durchlesen, wobei ich dir empfehlen würde, dass du dir Stichpunkte notierst zu den Dingen, die du noch nicht kennst und die du gern einmal ausprobieren möchtest. Den letzten Teil kannst du erst einmal überfliegen und dann genau lesen, wenn die Klausurenphase bei dir startet; am besten setzt du dich ca. zwei bis drei Wochen vor deinen ersten Klausuren intensiv damit auseinander. Ansonsten kannst du bei einzelnen Problemen immer wieder mal im passenden Kapitel dazu nachschlagen und schauen, ob du auf diesen Seiten eine Lösung für dein Problem findest. Ich setze alles daran, dass das der Fall ist!

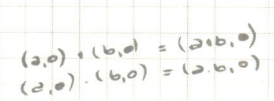

$$(a,0) + (b,0) = (a+b, 0)$$
$$(a,0) \cdot (b,0) = (a \cdot b, 0)$$

$$\sinh x = \frac{e^x - e^{-x}}{2}$$

TEIL 1:
VORBEREITUNGEN

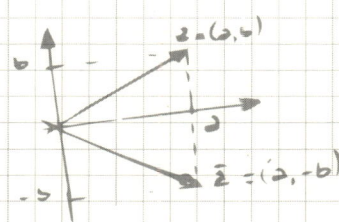

Kann ich Top-Noten wirklich erreichen?

Die Antwort auf diese Frage ist eindeutig Ja! Es ist nur eine Frage des Geschicks und des Fleißes. Dabei spielt es keine Rolle, ob du hyperintelligent bist und einen IQ von über 150 hast, schon immer Einser-Schüler gewesen, durchschnittlich gut oder sogar der Schlechteste in deiner Klasse bist. Sicherlich ist es um einiges leichter, wenn man über eine rasche Auffassungsgabe verfügt oder den Ruf als guter Schüler genießt, es ist jedoch keinesfalls Voraussetzung, um super Noten zu schreiben. Ob du dich nun im Mittelfeld der Klasse bewegst oder einer der schlechtesten bist – so wie ich –, sagt nur etwas darüber aus, wie viel du noch zu arbeiten hast. Du musst dir schlicht gewisse Verhaltensweisen aneignen, die ich in diesem Buch darstellen werde. Sie beziehen sich auf deine innere Einstellung, dein Verhalten, wenn du in der Schule bist, und auf die Arbeit zu Hause. Alle meine Regeln sind sehr leicht verständlich, fordern aber Disziplin und Fleiß. Wenn du sie konsequent verfolgst, wirst du kaum glauben, welche Ergebnisse du in der Schule erzielen wirst. Du kannst innerhalb kürzester Zeit riesige Notensprünge machen und vom unterdurchschnittlichen Schüler zum Jahrgangsbesten werden, genau wie ich. Und das, ohne signifikant mehr tun zu müssen als deine Mitschüler.

Deine innere Einstellung

Bevor du beginnst, mit meinen Strategien zu arbeiten, musst du unbedingt die richtige mentale Haltung entwickeln. Ohne sie wirst du keinen andauernden schulischen Erfolg haben können. Du kannst nicht siegen, wenn du nicht auch wie ein Sieger denkst. Der Erfolg beginnt im Kopf! Das klingt abgedroschen, ist aber so!

Ich will wirklich ein 1,0-Abitur!

Zunächst einmal musst du es wirklich wollen! Und bereit sein, dafür zu arbeiten. Wenn du glaubst, du kannst, ohne vor allem anfangs viel tun zu müssen, super Noten bekommen, dann liegst du falsch. Jeder hätte ein 1,0-Abi, wenn es mühelos erreichbar wäre. Nein, vor allem am Anfang wirst du ackern müssen. Je nachdem, wie viel du erreichen möchtest, musst du einen gewissen Preis dafür zahlen. Wenn du ein 1,0-Abitur möchtest, dann wirst dich in den Sommer- oder Herbstferien vor dem Start in die zweijährige Abi-Zeit hinsetzen und die wichtigsten Vorbereitungen treffen müssen, die ich dir hier erkläre. Während alle anderen im Freibad sind oder Party machen, wirst du ganz allein zu Hause sitzen und lernen. Im Laufe der nächsten zwei Jahre wird es oft vorkommen, dass du nach dem langen Tag zu müde bist, um noch die Hausaufgaben zu machen, oder es nicht ertragen willst, Whatsapp am Nachmittag vor einer Klausur mal für bis zu vier Stunden zur Seite zu legen.

Du musst deine Traumnoten wirklich wollen, und du musst dich fragen, ob du bereit bist, den Preis zu zahlen. Bist du bereit, dich in den ersten Ferien vor der Oberstufe auf die Schule vorzubereiten? Bist du bereit, auf eine ganze Ferienwoche zu verzichten und die notwendige Arbeit zu leisten? Bist du bereit, auch später täglich ca. 1 Stunde in die Schule zu investieren? Kläre das mit dir, denn das ist die wichtigste Voraussetzung für deinen schulischen Erfolg! Wie du es schaffst, zeige ich dir. Ob du es schaffst, hängt aber sehr stark davon ab, ob du bereit bist, alles umzusetzen!

Je niedriger du dir die Ziele setzt, desto einfacher sind sie natürlich zu erreichen und desto weniger wirst du dafür tun müssen. Wenn du zum Beispiel nur einen 2,0-Schnitt anstrebst, wird das leichter sein und du müsstest natürlich nicht eine ganze Ferienwoche dafür opfern. Die große Gefahr ist jedoch, dass du die 2,0 zu sehr auf die leichte Schulter nimmst und dich nicht genug anstrengst. Denn je kleiner das Ziel, desto unbedeutender, desto weniger Euphorie, desto erträglicher, wenn du es abbrichst, stimmt`s? Ich appelliere deshalb an dich, dass du dein Ziel hoch genug setzt, dass es dich fesselt.

Ich weiß, dass ich es schaffen kann!

Plagen dich Zweifel, ob du wirklich gut genug bist, um überall Einsen zu erreichen? Bieten deine bisherigen Noten einen eher nüchternen Zukunftsausblick? Oder hast du Angst aufzugeben, angesichts des langen Zeitraums, in dem du dich anstrengen musst?

Wenn das nächste Halbjahr beginnt, am besten schon davor, musst du aus tiefster innerer Überzeugung all diese Fragen mit einem klaren Nein beantworten können. Auch wenn sich dein Vorhaben unrealistisch anhört und sich sogar die besten Schüler in deiner Klasse nicht zutrauen, dein Traumzeugnis hinzubekommen, musst du vollkommen von deinem Erfolg überzeugt sein. Als ich mich damals auf die Oberstufe vorbereitete, habe ich nicht einen einzigen Zweifel zugelassen, ob ich ein 1,0-Abitur überhaupt erreichen kann. Zu diesem Zeitpunkt äußerten viele meiner Freunde und sogar meine Eltern Bedenken, ob mein Ziel nicht ein wenig zu ehrgeizig wäre. Ihre Zweifel waren völlig gerechtfertigt, immerhin hatte ich mittelmäßige Noten und büffelte auch nicht sonderlich viel. Keiner hätte damals geglaubt, dass ich mich in so kurzer Zeit so rasant verbessern könnte. Egal, was die Leute zu mir sagten und wie plausibel sich ihre Kritik anhörte, ich blendete sie einfach komplett aus. Sie ging in das eine Ohr hinein und durch das andere Ohr hinaus. Ich war von mir selbst vollkommen überzeugt, so sehr, dass keiner meine Meinung beeinflussen konnte.

Das mag sich auf den ersten Blick unvernünftig anhören, ist es aber nicht. Die meisten Argumente der anderen, wie etwa der Hinweis auf deine bisherige schulische Karriere, sind nichts als pure Schwarzmalerei. Sie sind es nicht wert, Gedanken daran zu verschwenden. Ansonsten besteht die Gefahr, dass du dich von der Scheinlogik durchdringen lässt und schlimmstenfalls anfängst, dir einzureden, dass du es tatsächlich nicht schaffen kannst. Spätestens beim ersten Rückschlag wirst du dann aufgeben, denn dann kommen sofort die »War ja klar«-Gedanken, und du legst deine Pläne achselzuckend ad acta.

Mach dir bewusst, dass es kein einziges einleuchtendes Argument gibt, das gegen deinen Erfolg spricht. Falls du glaubst, hyperintelligent sein zu müssen für eine 1,0, verabschiede dich schleunigst von diesem Gedanken. Die hervorragendsten Abiturienten sind nicht die allerklügsten Schüler. Es sind andere Qualitäten, die den Einser-Kandidaten auszeichnen, egal was dein Umfeld dir einzureden versucht.

Fairerweise muss man hinzufügen, dass es deine Familie und deine Freunde nicht schlecht mit dir meinen, wenn sie versuchen, »dich auf den Boden der Tatsachen zurückzuholen«. Sie wollen dich vor Fehlschlägen beschützen und vor möglichen Enttäuschungen, falls du dein Ziel nicht erreichst. Jedoch ist dies der erste und wichtigste Punkt. Du musst so selbstsicher sein, dass du es schaffst, jegliche Einwände an dir vorbeiziehen zu lassen, und vollkommen auf deine Fähigkeiten vertrauen. Alle großen Persönlichkeiten können das. Sie sind so sehr von sich und ihren Qualitäten überzeugt, dass sie ungeachtet der ganzen Schwarzseher ihre schwindelerregend hohen Ziele verfolgen. Denke wie ein Sieger. Sei fest von deiner Chance auf ein 1,0-Abitur überzeugt und setz dir nur die höchsten Ziele, egal was die anderen von dir denken und egal was du bisher geschafft hast.

Motiviere dich selbst!

Du beweist genau jetzt, dass du deine Traumnote haben willst, indem du dieses Buch hier liest. Das ist bereits ein sehr vielversprechender Schritt.

Erstelle nun eine klare Vision von deinem Ziel. Ich habe mir immer wieder vorgestellt, wie ich eine Rede bei der Abiturvergabe halte und über meinen enormen Wandel berichte. Meine Mitschüler werden mich bewundern und von meinem Wandel inspiriert sein für ihre eigene Zukunft. Meine Lehrer werden voller Begeisterung klatschen und ihren Schülern noch Jahre später von meiner außergewöhnlichen Veränderung berichten. Manchmal habe ich mir auch vorgestellt, wie ich die Entscheidungsfreiheit genieße, mir genau das Studium auszuwählen, auf das ich am meisten Lust habe, ohne zittern zu müssen, angenommen zu werden.

Je detaillierter du dir dein Wunschszenario ausmalen kannst, desto besser. Stell dir vor, welche Möglichkeiten sich dir eröffnen mit einem Traumabitur. Die Pforten aller Universitäten werden für dich weit geöffnet sein. Du brauchst dir keine Sorgen zu machen, ob dein Notenschnitt gut genug ist, um Medizin oder Psychologie zu studieren oder was auch immer dich interessiert. Du musst dir keine Sorgen mehr wegen des NC machen. Auch im Ausland hast du die besten Chancen für das Studienfach deiner Wahl. Der Abschluss an einem deutschen Gymnasium ist weltweit sehr anerkannt, da die deutschen Schulen allgemeinhin als anspruchsvoll gelten. Und wenn du zusätzlich noch Bestnoten vorweisen kannst, dann steht dir die ganze Welt offen. Du bist frei, zu tun, was immer dir Spaß macht!

Diese Bilder der Freiheit und Anerkennung in meinem Kopf haben mich immer sehr motiviert. Vielleicht motivieren dich andere Dinge, ein Spitzen-Abi zu erreichen. Das wirst du am besten wissen. Entscheidend ist nur, dass du dich schon in diese Bilder hineinträumst. Stell dir vor, es ist bereits real.

Es ist wichtig, dass dein Ziel unersetzbar ist und du es wirklich willst. Denk so viel wie möglich daran. Ob du gerade unterwegs zum Sport, zur Großmutter oder sonst wohin bist. Wenn du abends in deinem Bett liegst, denke daran. Idealisiere es und träume von den ganzen Vorzügen, die ein 1,0-Abitur mit sich bringt. Es wird nicht viel helfen, wenn deine Eltern davon träumen, dass du einen super Abschluss machst, es dich aber kalt lässt. In deinem Kopf muss deine Zielnote tief verankert sein und ständig für Euphorie sorgen.

Demnach musst du natürlich auch deine Einstellung gegenüber der Schule grundlegend ändern, denn sie wird zum zentralen Ort in deinem Leben. Erinnerst du dich an einzelne Momente, wo du wirklich gute Noten bekommen hast, und an das Hochgefühl, das du dabei verspürt hast? Von nun an wirst du fast immer so gute Noten bekommen, die Schule wird zu einem richtigen Hort der Freude für dich werden. Denk daran, wann immer du an die Schule denkst. Am Sonntagabend wirst du dich auf die kommende Schulwoche freuen und auf die ganzen Einsen, die sie wieder mit sich bringen wird, und dich nicht etwa ärgern, wieder so früh aufstehen zu müssen. Die Schule muss zu deiner Passion werden und Vorrang vor allen Freizeitaktivitäten haben. Wenn du dich für dein Ziel begeistern kannst, und zwar jeden Tag aufs Neue, dann hast du auch eine Menge Spaß am Lernen, da du immer schon im Hinterkopf hast, dass deine Bemühungen mit 1 und 1+ belohnt werden können. Im Laufe der Zeit wirst du immer ehrgeiziger werden, da du immer bessere Noten bekommen wirst und hungriger wirst auf noch mehr Spitzennoten. Es handelt sich dabei um eine Art positiven Teufelskreis.

Sieh deine Schulkarriere als einen richtigen Beruf an, der spannend ist und jede Menge Spaß mit sich bringt. Als ein sehr ehrgeiziger Karrierist setzt du dir natürlich nur die höchsten Ziele und bist auch nur mit deiner Leistung zufrieden, wenn du wirklich dein Bestes gegeben hast. Jede Woche gilt es für dich, neue Etappenziele zu meistern, sei es ein Referat, ein Test oder eine Klausur, genauso wie es im Arbeitsalltag gilt, eine Business-Präsentation zu erstellen und zu halten oder den Chef von einer Gehaltserhöhung zu überzeugen. Ob Schüler oder Berufstätiger, du stehst immer wieder vor neuen Herausforderungen, denen du dich stellen musst, um die Erfolgsleiter weiter hinaufklettern zu können. Nimm deinen Job ernst und sei seriös, dann wirst du eine Menge Spaß haben und wächst mit jeder Herausforderung, der du dich stellst.

Traumnote festlegen

Kein Spaß! Ziele aufschreiben ist einer der mit Abstand wichtigsten Tipps, die ich dir mitgeben kann. Erstelle dir selbst sehr genaue Ziele, was du erreichen willst. Denn wenn du Ziele und einen Plan hast, wie du dorthin kommen möchtest, dann wirst du verblüfft feststellen, dass du tatsächlich dort ankommst. Oder selbst im schlimmsten Falle sehr viel weiter kommst, als du ursprünglich für möglich gehalten hättest. Hätte ich mir die 1,0 nicht als Ziel gesetzt und es aufgeschrieben, dann hätte ich es niemals geschafft!

Es ist verrückt, was für einen gigantischen Einfluss das Setzen von Zielen für den Erfolg hat; egal in welchem Bereich.

1,0 als Ziel setzen

Das höchste und letzte Ziel, das du in der Schule erreichen kannst, ist deine Abiturnote. Lege darum die Abiturnote fest, die du erreichen möchtest. Ich werde im Folgenden der Einfachheit immer nur von der 1,0 als Ziel ausgehen. Wenn du dir selbst ein geringeres Ziel gesetzt hat, dann ist das völlig in Ordnung; der Prozess ist derselbe. Mach dir zu diesem Zeitpunkt noch keine großen Gedanken, wie du zu dieser Note kommen wirst. Alles andere kommt danach. Erst einmal musst du dir darüber im Klaren sein, was du haben möchtest.

Du solltest ein Plakat an der Wand über deinem Schreibtisch aufhängen, auf dem die magische Zahl 1,0 möglichst groß draufsteht, damit du dein Ziel in den nächsten Jahren stets im Blick behältst. Alle deine Anstrengungen der nächsten zwei Jahre laufen auf dieses erstrebenswerte Ziel hinaus. Auch wenn es dämlich aussehen mag, hat es einen enormen psychologischen Effekt. Ich habe mir ein Blatt ausgedruckt und an die Wand gehängt, auf dem nur die Zahl 1,0 fett in Schriftgröße 200 Punkt geschrieben stand. Wann immer ich die Lust an den Hausaufgaben oder am Pauken für eine Klausur verlor, erinnerte mich das Plakat daran, dass ich meine Zeit nicht verschwendete, sondern konstruktiv auf das große Endziel hinarbeitete.

Unterziele setzen

Nachdem das große Endziel festgelegt ist, kannst du die einzelnen Schritte aufschreiben, die nötig sind, um es zu erreichen, also dir Unterziele bzw. Etappenziele setzen. In der Schule waren für mich diese Etappenziele immer die Halbjahreszeugnisse. Obwohl ich am Anfang der Oberstufe einen 3,0-Schnitt und gravierende Wissenslücken in Deutsch, Englisch, Mathe und in anderen Fächern hatte, setzte ich mir für das erste Halbjahreszeugnis gleich eine 1,0 als Ziel. Wenn du keine allzu großen Lücken hast, solltest du dir definitiv schon im ersten Semester eine 1,0 als Ziel setzen! Du kannst es schaffen!

Das Etappenziel Halbjahreszeugnis muss aber selbstverständlich noch viel genauer definiert werden als einfach nur 1,0. Für jedes einzelne Fach musst du festlegen, welche Note du erreichen möchtest. Bevor ich also irgendeine Ahnung hatte, wie ich das schaffen sollte, hatte ich einen Zettel in der Hand, auf dem Folgendes stand:

Ziele 1. Halbjahr:

Geografie-Leistungskurs: 14 Punkte

Englisch-Leistungskurs: 13 Punkte

Deutsch: 12 Punkte

Mathe: 15 Punkte

Physik: 14 Punkte

Kunst: 14 Punkte

Philosophie: 15 Punkte

Geschichte: 14 Punkte

Biologie: 15 Punkte

Sport: 15 Punkte

Sport-Theorie: 15 Punkte

Ich habe diese Ziele nicht ganz erreicht: Ich brachte es im ersten Semester nur auf einen 1,3-Schnitt. Bedenkt man jedoch mein Ausgangsniveau, war das aber ein gigantischer Sprung nach vorn. Er gelang mir nur, weil ich mir ein ehrgeiziges Ziel gesetzt hatte. Denn als ich im Lauf des Halbjahrs immer wieder Zweier bekam, gab ich mich nicht einfach damit zufrieden, wie ich es wohl getan hätte, wenn ich kein richtiges Ziel gehabt hätte. Diese Zweier interpretierte ich als Niederlage und sie stachelten mich an, mir ganz genau anzuschauen, was ich falsch gemacht hatte, um es beim nächsten Mal besser zu machen. Alle Halbjahres-Notenziele, die ich mir nach dem ersten Semester setzte, erreichte ich dann übrigens auch.

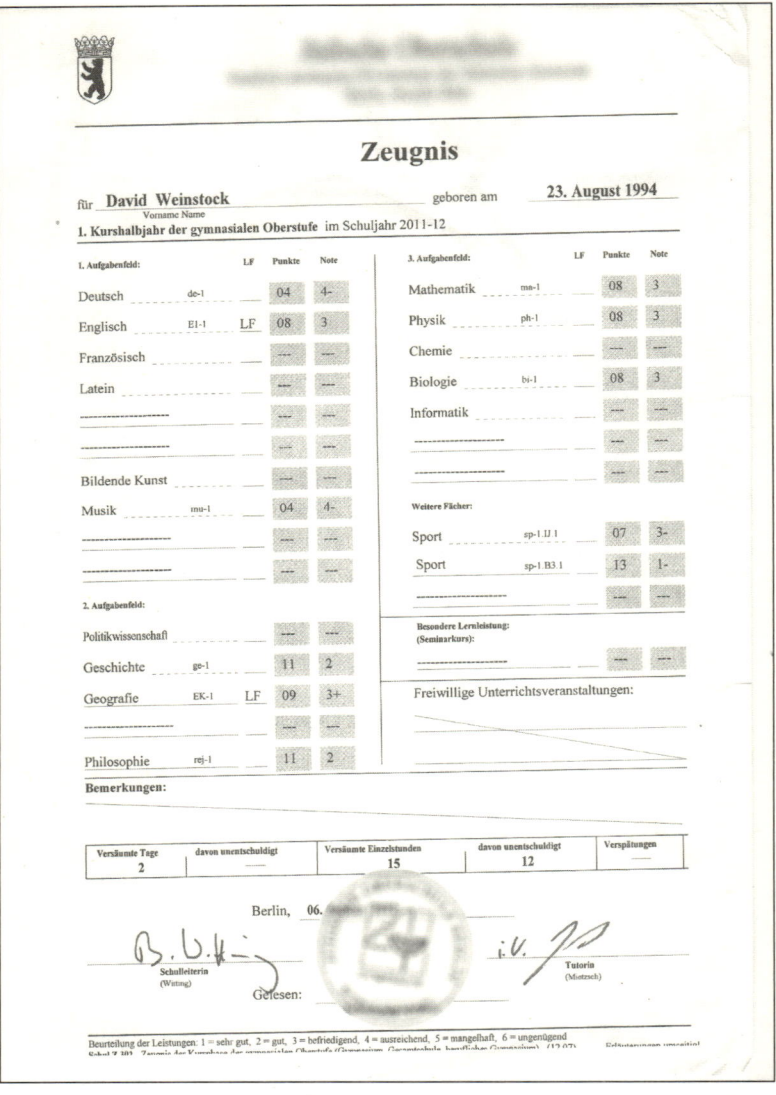

Zeugnis

für **David Weinstock**   geboren am   **23. August 1994**
Vorname Name

1. Kurshalbjahr der gymnasialen Oberstufe im Schuljahr 2011-12

1. Aufgabenfeld:		LF	Punkte	Note
Deutsch	de-1		04	4-
Englisch	E1-1	LF	08	3
Französisch			---	---
Latein			---	---
———————			---	---
———————			---	---
Bildende Kunst			---	---
Musik	mu-1		04	4-
———————			---	---
———————			---	---

3. Aufgabenfeld:		LF	Punkte	Note
Mathematik	mn-1		08	3
Physik	ph-1		08	3
Chemie			---	---
Biologie	bi-1		08	3
Informatik			---	---
———————			---	---
———————			---	---

Weitere Fächer:

		LF	Punkte	Note
Sport	sp-1.LJ 1		07	3-
Sport	sp-1.B3.1		13	1-
———————			---	---

2. Aufgabenfeld:		LF	Punkte	Note
Politikwissenschaft			---	---
Geschichte	ge-1		11	2
Geografie	EK-1	LF	09	3+
———————			---	---
Philosophie	rej-1		11	2

Besondere Lernleistung:
(Seminarkurs): --- ---

Freiwillige Unterrichtsveranstaltungen:

Bemerkungen:

Versäumte Tage	davon unentschuldigt	Versäumte Einzelstunden	davon unentschuldigt	Verspätungen
2	—	15	12	—

Berlin, 06.

Schulleiterin
(Witting)

Gelesen:

i.V.

Tutorin
(Mietzsch)

Beurteilung der Leistungen: 1 = sehr gut, 2 = gut, 3 = befriedigend, 4 = ausreichend, 5 = mangelhaft, 6 = ungenügend

Mein Zeugnis, bevor ich mir konkrete Ziele setzte

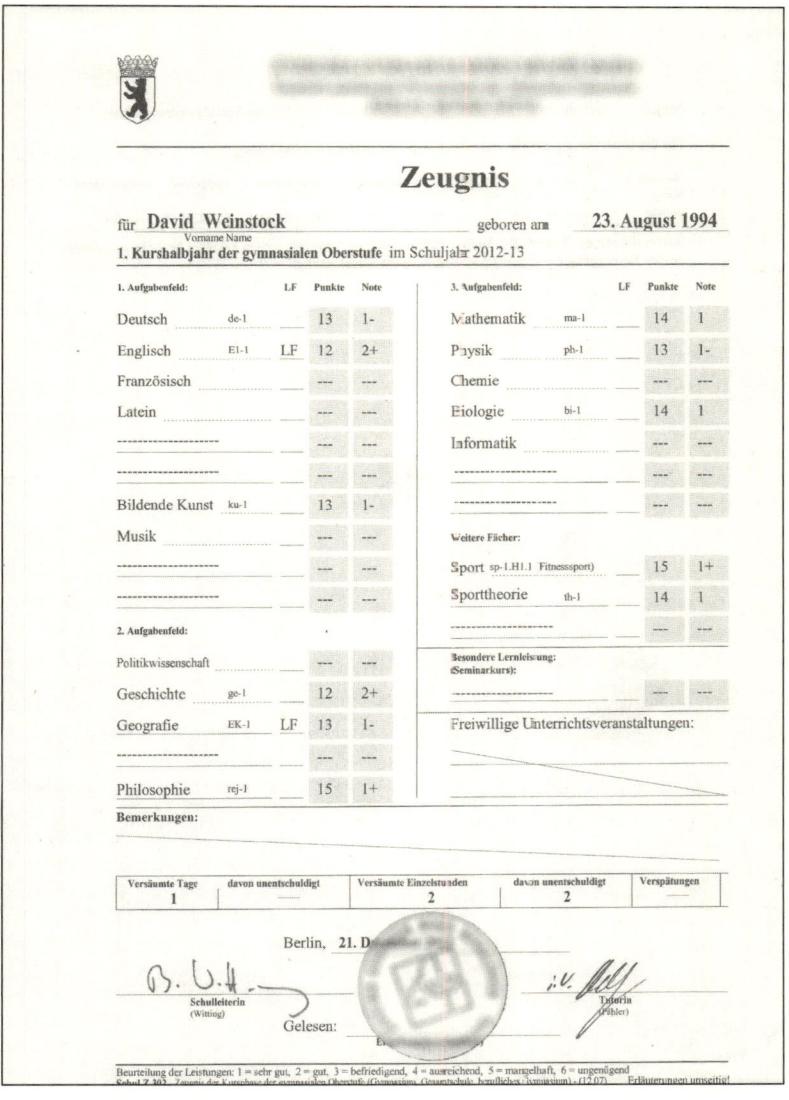

Zeugnis

für **David Weinstock**   geboren am **23. August 1994**
<small>Vorname Name</small>

1. Kurshalbjahr der gymnasialen Oberstufe im Schuljahr 2012-13

1. Aufgabenfeld:		LF	Punkte	Note
Deutsch	de-1		13	1-
Englisch	E1-1	LF	12	2+
Französisch			---	---
Latein			---	---
------------------			---	---
------------------			---	---
Bildende Kunst	ku-1		13	1-
Musik			---	---
------------------			---	---
------------------			---	---

2. Aufgabenfeld:

Politikwissenschaft			---	---
Geschichte	ge-1		12	2+
Geografie	EK-1	LF	13	1-
------------------			---	---
Philosophie	rej-1		15	1+

3. Aufgabenfeld:		LF	Punkte	Note
Mathematik	ma-1		14	1
Physik	ph-1		13	1-
Chemie			---	---
Biologie	bi-1		14	1
Informatik			---	---
------------------			---	---
------------------			---	---

Weitere Fächer:

Sport	sp-1.H1.1 Fitnesssport)		15	1+
Sporttheorie	th-1		14	1
------------------			---	---

Besondere Lernleistung:
(Seminarkurs):

			---	---

Freiwillige Unterrichtsveranstaltungen:

Bemerkungen:

Versäumte Tage	davon unentschuldigt	Versäumte Einzelstunden	davon unentschuldigt	Verspätungen
1	------	2	2	------

Berlin, **21. D**...

<small>B. U. H.</small>
Schulleiterin
(Witting)

Gelesen:

<small>i. V.</small>
Tutorin
(Kühler)

<small>Beurteilung der Leistungen: 1 = sehr gut, 2 = gut, 3 = befriedigend, 4 = ausreichend, 5 = mangelhaft, 6 = ungenügend</small>
<small>Schul Z 302 - Zeugnis des Kurshass der gymnasialen Oberstufe (Gymnasium, Gesamtschule, berufliches Gymnasium) - (12.07)   Erläuterungen unseitig!</small>

Nachdem ich mir konkrete Ziele setzte

Ziele während des Semesters

Die nächstkleineren Ziele stellen die Unterziele in den Semestern dar. Diese beinhalten zum Beispiel, 15 Punkte in der Biologieklausur zu schreiben oder 15 Punkte für die Präsentation in Biologie zu erhalten. Auch solche Ziele solltest du dir unbedingt setzen. Denn die 15 Punkte in der Bio-Klausur führen zu 15 Punkten in der schriftlichen Note, die 15 Punkte in deinem Vortrag heben deine mündliche Note auf 15 Punkte. Dadurch hast du letztlich 15 Punkte in Biologie auf dem Zeugnis. Wenn du das in jedem Fach machst, schneidest du insgesamt überragend ab. Und die Gesamtheit dieser ganzen überschaubaren, planbaren Mikroziele bildet letztlich, ehe du dich versiehst, einen sehr sicheren und angenehmen Weg zu deinem allem übergeordneten, riesig und unmöglich erscheinenden Gesamtziel: 1,0.

Ziele immer vor Augen haben

Wie ich vorhin bereits erwähnte, habe ich mir die Zahl 1,0 groß und fett ausgedruckt und an meine Schreibtischwand geklebt. Mittlerweile hängen meine Ziele sogar neben meinem Bett an den Wänden, sodass ich sie immer sehen kann. Wenn du gerade an einer Aufgabe arbeitest, keine Lust mehr hast oder vielleicht sogar verzweifelst, dann kommt immer die rettende Ermahnung von deinem Poster, die dich wieder daran erinnert, dass du dich hier nicht umsonst quälst. Vor allem die Halbjahresziele solltest du täglich mindestens einmal sehen und sie dir bewusst anschauen und dich dabei selbstkritisch fragen, ob das, was du gerade tust, dich wirklich dorthin führt, oder ob du nicht irgendetwas ändern musst.

Fazit: Du kannst deine Ziele nicht oft genug sehen. Klebe sie dir überall im Zimmer an die Wände!

Erstelle einen Plan

Wenn du gerade in die Abiturphase eintrittst, dann solltest du nach dem Lesen des letzten Kapitels idealerweise schon dein endgültiges Abiturziel und dein Notenziel für das nächste Zeugnis formuliert und dabei für jedes einzelne Fach eine Note festgelegt haben. Damit hast du schon – obwohl es nur ein paar Blätter Papier sind, die jetzt an der Wand kleben – sehr viel geschafft. Wenn du auch noch den unbedingten Willen mitbringst, diese Ziele zu erreichen, dann ist alles andere wirklich einfach. Und das meine ich vollkommen ernst! Zu wissen, was du willst, und dazu bereit zu sein, den Preis dafür zu zahlen, ist die wichtigste Eigenschaft, die du überhaupt mitbringen kannst. Viel wichtiger als Intelligenz, Vorwissen, Geld für Nachhilfe oder andere Dinge. Es ist auf lange Sicht der Wille, der darüber entscheidet, wer gewinnt und wer nicht!

Der Plan zur Traumnote sieht auf den ersten Blick natürlich sehr einfach aus: Bekomme in (fast) jedem Fach eine 1+ für deine mündliche Mitarbeit und eine 1+ in deinen Klausuren. Dadurch bekommst du eine 1+ in dem Fach, und alles in allem ergibt das einen 1,0-Schnitt auf deinem Zeugnis und letztlich auch in deiner Abiturnote.

Auf den zweiten Blick ist es immer noch sehr einfach, allerdings aber auch sehr mühsam – je nachdem, wie hoch deine Ziele gesteckt sind. Es ist anstrengend, die Notenziele in den einzelnen Fächern zu erreichen, erfordert aber keine besonders hohe Intelligenz. Noch wirst du dich sicherlich fragen, wie du, wenn du vielleicht maximal Zweier geschrieben hast, egal wie viel du gelernt hast, auf einmal nur noch Einsen schreiben sollst. Aber genau dabei werde ich dir in den folgenden Kapiteln helfen.

Falls du noch nicht in der Oberstufe bist, dann ist das folgende Kapitel weniger relevant für dich. Du kannst es ruhig überspringen; es schadet aber auch nicht, wenn du schon ein wenig über die Oberstufe erfährst.

Was du über die Oberstufen wissen musst

Es ist zunächst einmal von höchster Bedeutung, welche Grund- und Leistungskurse du wählst. Analysiere hierfür zunächst einmal deine Stärken und Schwächen. Wenn es um die Leistungskurse geht, wähle unbedingt die zwei Fächer aus, in denen du am besten bist. Wenn du meinst, sie gefunden zu haben, hospitiere wenn möglich einmal in der jetzigen Oberstufe, um herauszufinden, ob es wirklich die richtigen Fächer für dich sind. Findest du die Oberstufenthemen interessant? Glaubst du, du kannst den Unterricht mit deiner mündlichen Mitarbeit dominieren? Lass dir Klausuren zeigen und schau dir diese genau an. Lass dich dabei nicht von dir unbekannten Fachwörtern oder merkwürdig klingenden Aufgabenstellungen verunsichern. Falls du nicht verstehst, wonach gefragt ist, erkundige dich bei den Oberstufenschülern. Sie werden es dir meist ins Hochdeutsche übersetzen können.

Folgende drei Kriterien sollten deine Entscheidung für deine Leistungskurse dominieren:

- Spaß am Fach
- Habe ich das Potenzial, die beste mündliche Mitarbeit von allen Schülern zu liefern?
- Sind für mich 15 Punkte in der Klausur erreichbar?

Da ich beispielsweise den dritten Punkt nicht beachtete, traf ich eine Fehlentscheidung, die ich bis zum Ende bitter bereuen musste. Ich wählte Englisch als Leistungskurs aus, da es mir viel Spaß macht, Fremdsprachen zu sprechen, und ich mir dachte, im Unterricht am stärksten von allen mitmachen zu können. An die Klausuren habe ich jedoch nicht wirklich gedacht. Und so kam es, dass Englisch zu meinem Problemfach wurde, da ich in den Klausuren nie über die 13-Punkte-Marke hinauskam. Ich konnte zwar gut sprechen, hatte allerdings, wie sich herausstellte, Schwierigkeiten, mir einen guten Schreibstil anzueignen. Trotz vielem Üben konnte ich nur von 11 Punkten in der allerersten Klausur auf 13 Punkte kommen und nie darüber hinaus. Natürlich hat Englisch meinen Notenschnitt immer negativ beeinflusst und bot über alle vier Semester hinweg Anlass zum Ärgern. Schau dir also auch immer die Klausuren an!

Beachte auch, dass es in unterschiedlichen Fächern unterschiedlich schwer ist, sich zu verbessern. In Mathe und in den Naturwissenschaften ist es deutlich einfacher, sich enorm zu steigern, als im Fach Deutsch. Das liegt daran, dass du Deutsch unbewusst in beinahe allen Lebenslagen verwendest, ob nun beim Quatschen mit deinen Freunden oder wenn du gerade eine Arbeit in Geschichte schreibst. In den meisten Fällen hat man sich schon einen individuellen Schreibstil angeeignet, an dem zu feilen sehr schwer ist. Und in Deutsch ist die Bewertung um einiges subjektiver als z.B. in Mathe, wo eine Aufgabe eben entweder richtig oder falsch gelöst ist. Wenn dein Stil deinem Lehrer nicht liegt, hast du ein Problem. Wenn du also bisher keine guten Noten in Aufsätzen für deinen Stil bekommen hast, rate ich dir dringend von Deutsch als Leistungsfach ab, da es einfach sehr schwer und zeitintensiv ist, den eigenen Schreibstil aufzuwerten. Und wenn du auf Kriegsfuß mit der deutschen Rechtschreibung stehst, bist du sowieso gut beraten, andere Leistungskurse zu wählen. Da hast du es in Fächern wie Mathe deutlich einfacher. Denn wenn du den Stoff erst einmal verstanden hast, was einfacher ist, als man denkt, ist es nur eine Frage der Routine, bis du die Aufgaben in der vorgegebenen Zeit vollständig richtig löst und dir deine 15 Punkte auf dem Zeugnis sichern kannst.

Ganz wichtig ist, die Wahl der Leistungsfächer nicht von den Lehrern abhängig zu machen. Es wird zufällig eingeteilt, welcher Lehrer welches Fach übernimmt (selbst wenn die Lehrer für die Leistungskurse schon angekündigt sind, verlass dich nicht drauf, so etwas ändert sich manchmal blitzschnell), und dabei kannst du eben auch einfach Pech haben und einen unliebsamen Lehrer erwischen. Des Weiteren solltest du deine Kurswahl auch nicht von deinen Freunden abhängig machen. Nur weil deine beste Freundin oder dein bester Freund Chemie wählt, heißt das noch lange nicht, dass du auch fit bist mit Säuren und Basen. Halte dich wirklich nur an die drei Kriterien Spaß, Chancen auf exzellente Unterrichtsbeiträge und super Klausuren.

Bei den Grundkursen solltest du nach demselben Analysemuster vorgehen – wobei du hier je nach Bundesland eventuell nicht viel Wahl hast, denn in einigen Ländern sind die Möglichkeiten, ungeliebte Fächer abzuwählen, sehr eingeschränkt. Wenn du wählen kannst, dann wähle Fächer, die dir Spaß machen und in denen du eine Möglichkeit siehst, den Unterricht zu führen, auch wenn du es bisher nicht getan hast. Lass dich von deinen bisherigen Leistungen nicht einschüchtern, du musst nur vom Bauchgefühl her entscheiden, in welchem Fach es am ehesten etwas werden könnte. Und du musst dir natürlich die Klausuren genau anschauen. Auch ein Blick auf den Rahmenlehrplan deines Bundeslandes ist sehr interessant für die Auswahl deiner Abiturkurse. Wenn du bei Google z.B. »Rahmenlehrplan Geografie Oberstufe Grundkurs Berlin« eingibst, wirst du schnell fündig. Solltest du online für dein Bundesland tatsächlich nichts finden, hake beim jeweiligen Kultusministerium nach – dort müsstest du alles bekommen können, was du brauchst. Hast du den Unterrichtsstoff erst einmal gefunden, google diesen, um dir einen genaueren Überblick über das Fach zu machen. Lass dieses Wissen mit in deine Entscheidung einfließen.

Hast du deine Grund- und Leistungskurse sorgfältig ausgewählt, bist du bereit für die weiteren Vorbereitungen. Bevor du nun in der Oberstufe durchstartest, solltest du nämlich noch viele weitere Schritte unternommen haben. Dein Arbeitsplatz, deine Schultasche und Hefter sollten einem bestens durchgeplanten System unterliegen. Lies dazu unbedingt das Kapitel »Eigne dir das richtige Organisationssystem an«. Selbstverständlich musst du sehr gut über die Oberstufe und über das Bewertungssystem für das Abitur in deinem Bundesland informiert sein. Welche Kurse werden wie bewertet, in welchem Verhältnis zueinander, welche Prüfungsfächer kannst du wählen, wie wird die Abiturnote zusammengerechnet? Basiswissen ist natürlich auch, in welchem Verhältnis mündliche und schriftliche Leistungen stehen. Bei mir in Berlin betrug das Verhältnis mündlich-schriftlich in den Leistungskursen 50:50, während in den Grundkursen zwei Drittel auf die mündliche Mitarbeit entfiel. Je nachdem, wie das in deinem Bundesland geregelt ist, musst du natürlich deine Strategie anpassen.

Wissenslücken aufarbeiten

Super wichtig! In fast jedem Fach baut so gut wie jedes neue Thema auf dem Wissen auf, das du bereits in den Vorjahren erworben haben solltest. Das heißt natürlich nicht, dass du jedes Thema, dem du in deiner Schullaufbahn begegnet bist, perfekt beherrschen musst. Das geht auch gar nicht. So viel konnte sich wahrscheinlich noch nicht einmal der Schüler merken, der das beste Abitur in der Geschichte der Schule geschrieben hat.

Was du aber definitiv beherrschen musst, bevor das neue Halbjahr startet – sonst kannst du Top-Noten vergessen –, sind die Grundlagen der einzelnen Fächer! Vor allem in Deutsch, Mathe und deiner ersten Fremdsprache. In Mathe wirst du ohne das Grundlagenwissen niemals richtig gut abschneiden – egal wie sehr du dich anstrengst! Du wirst niemals den Hoch- oder Tiefpunkt einer Funktion ermitteln können, wenn du nicht die Nullstellen einer Funktion berechnen kannst. Und du wirst im Unterricht dasitzen, dich richtig anstrengen, die komischen Zahlen und Buchstaben an der Tafel zu verstehen, und es trotzdem nicht schaffen. Du wirst verzweifeln, denken, dass Mathe nichts für dich ist, oder vielleicht sogar, dass du einfach nicht intelligent genug bist, um es zu verstehen.

Das kannst du dir alles sparen, wenn du das nötige Vorwissen hast. Wenn du die Grundlagen verstehst, dann wirst du darüber staunen, wie unfassbar einfach Mathe eigentlich ist.

Wenn du noch Lücken hast in den Grundlagen einzelner Fächer – und du wirst garantiert Lücken haben –, dann musst du diese unbedingt vor Beginn deines nächsten Schuljahres ausmerzen. In Englisch musst du z.B. unbedingt den korrekten Satzbau beachten. Kennst du die SVO-Stellung? Weißt du, an welcher Stelle du im englischen Satz die Orts- und Zeitangaben einbringen musst? Wie schaut es mit deinen Vorkenntnissen in Mathematik aus? Kannst du Gleichungen umstellen und Klammern auflösen? Das ist die erste mühsame Arbeit auf dem Weg zur 1,0, um die du nicht herumkommen wirst. Du wirst alle gravierenden Wissenslücken stopfen müssen. Am besten gehst du dabei systematisch vor, indem du dir jedes Fach einzeln vornimmst und dir im Internet anschaust, was du alles schon können solltest.

Glücklicherweise baut nicht jedes Fach zu 100% auf der Mittelstufe auf. So brauchst du beispielsweise in Kunst und Sport kaum Vorwissen, da hier mehr Wert auf die praktische Anwendung gelegt wird. Und auch in den anderen Fächern musst du nicht alles im Detail kennen, verstehen und anwenden können. Es reicht vollkommen aus, wenn du nur das wirklich Wichtigste verinnerlichst. Wahrscheinlich beherrschst du sowieso schon das Meiste, sodass du nicht wahnsinnig viel Zeit investieren musst. Je mehr du weißt, desto besser natürlich, halte dich aber beispielsweise im Englischen nicht an der Zeitform Future II progressive auf.

Die folgende Übersicht zeigt, was du draufhaben solltest, um erfolgreich in die Oberstufe zu starten – ich habe aber auch bewusst aufgeschrieben, was du nicht können musst, damit du deine Zeit nicht verschwendest.

Mathe:

Was du können musst:
- Sicherer Umgang mit den vier Rechenoptionen Addition, Subtraktion, Multiplikation und Division
- Sicherer Umgang mit den vier Rechenoptionen bei Brüchen
- Sicherer Umgang mit den vier Rechenoptionen mit negativen Zahlen
- Distributiv- und Kommutativgesetz
- Klammern auflösen
- Gleichungen nach x umstellen und diese auflösen
- p-q-Formel
- Verstehen, was Potenzen und Wurzeln sind, und mit ihnen rechnen
- binomische Formeln anwenden
- lineare und quadratische Funktionen von Graphen ablesen können und Funktionsterme selber grafisch darstellen

Was du nicht können musst:
- Alle Formeln und Gesetze auswendig kennen (wozu gibt es Formelsammlungen?)
- die schwierigen Aufgaben der Mittelstufe lösen

Deutsch:

Was du können musst:

- Kasus; die vier Fälle beherrschen
- Kommata korrekt setzen
- richtige Satzstrukturen verwenden und die einzelnen Satzglieder erkennen und korrekt benennen
- Mittel kennen, die einen Text aufwerten; Konjunktionen, ausschmückende Adjektive, Fachbegriffe
- wissen, dass jeder Text, den du schreibst, aus visuell und inhaltlich getrennter Einleitung, Hauptteil und einem Schluss besteht
- die drei literarischen Gattungen kennen und wissen, wodurch sie sich jeweils auszeichnen
- grobes Wissen über die Abfolge der verschiedenen literarischen Epochen und ihre Merkmale und Besonderheiten haben
- die gängigsten Stilmittel kennen und in Texten entdecken können. Draufhaben solltest du: Alliteration, Antithese, Klimax, Metapher, Parallelismus, Parataxe, Hypotaxe, rhetorische Frage.

Was du nicht können musst:

- den Inhalt bereits behandelter Bücher und Gedichte kennen
- zu viele Fachbegriffe à la Infinitivkonstruktion (du wirst reichlich neue Fachbegriffe in der Oberstufe lernen)

Englisch

Was du können musst:
- den korrekten Satzbau verwenden
- sicherer Umgang mit allen Vergangenheits- und Gegenwartszeitformen und future simple
- den Gerund richtig verwenden
- conditional sentences
- he/she/it das »s« muss mit
- ein Vokabular haben, das ausreicht, um Schultexte zu verstehen

Was du nicht können musst:
- future II progressive
- Vokabeln zu speziellen Themen (z.B. beim Thema Wandern: Schlucht, Brandung, Marienkäfer, Felswand etc.)

Falls du die wichtigsten Sachen noch nicht kannst, wird es schleunigst Zeit, das nachzuholen. Nimm dir das Internet zu Hilfe, wo detaillierte Gliederungen des Mittelstufenstoffs zu finden sind und viele Übungen und Erklärungen zu den einzelnen Themen. Es reicht vollkommen aus, die meisten Sachen zu verstehen und an einfachen Aufgaben zur Anwendung bringen zu können. In Mathe ist dafür die Internetseite *www.mathe-trainer.de* sehr gut geeignet, wo du sehr viele Übungsaufgaben von leicht bis schwer zu den einzelnen Themengebieten findest.

Spare Hunderte Stunden harte Arbeit und Stress
Wenn du vor dem neuen Schuljahr deine Lücken stopfen willst, dann lohnen sich ein paar Tage intensiver Arbeit. Setz dich jetzt einmal in den Ferien an das ganze Vorwissen, arbeite konzentriert, und du wirst viel weniger Probleme in Zukunft haben – vor allem Mathe, Physik, Chemie, Informatik etc. werden dir extrem leichtfallen. Du wirst nie wieder mit

diesem flauen Gefühl im Magen in die Mathestunde gehen müssen, weil du ganz genau weißt, dass du alles verstehst. Und selbst wenn du mal nicht mehr mitkommen solltest, dann wirst du verstehen, was du nicht verstanden hast. Das ist ein großer Unterschied zu den anderen Mathe-Nicht-Verstehern. Die meisten Leute wissen gar nicht, was sie nicht verstanden haben, und wissen deshalb auch nicht, woran sie arbeiten können, um besser zu werden.

Besorge dir Nachhilfe

Es empfiehlt sich, sich professionelle Nachhilfe bei einer der renommierten Nachhilfeschulen zu nehmen, sofern das finanziell für dich möglich ist. In Großstädten sollte es in jedem Bezirk mindestens eine solche Schule geben, wo in Gruppen von maximal sechs Schülern jeder individuell unterrichtet wird. Wenn du auf dem Land wohnst, ist es natürlich schwieriger, solch eine Schule zu finden. Informiere dich im Internet, wo die nächste Nachhilfeschule liegt, und prüfe, ob es realistisch ist, diese aufzusuchen.

Das Gute an den Nachhilfelehrern ist, dass sie meist schon seit mehreren Jahren an den speziellen Problemen von Schülern arbeiten und aufgrund ihrer Erfahrungen gleich bemerken, wo deine Stärken liegen und womit du bisher noch nicht so vertraut bist. Dadurch hast du den enormen Vorteil, dass ein wirklich kompetenter Außenstehender deine Schwächen mitanalysiert. Vielleicht entdeckt er Fehler, die du beim Auflösen von Klammern machst, wohingegen du bisher immer angenommen hast, alles richtig zu machen. Zumindest temporär, vor dem Beginn des ersten Semesters, lohnt es sich wirklich, das Geld aufzubringen und sich professionelle Nachhilfe zu nehmen.

Viele Nachhilfeschulen bieten außerdem in den Sommerferien einen Intensivkurs an, in dem du viele Wissenslücken innerhalb kürzester Zeit aufarbeiten kannst und auf die Oberstufe vorbereitet wirst. So ein Kurs bringt auch eine Menge Spaß, da du merken wirst, dass viele Aufgaben, die dir früher völlig unlösbar erschienen, nun mit erweitertem Wissen ganz einfach zu lösen sind. In einem solchen Kurs schaffst du dir eine solide Grundlage für die Abi-Jahre.

Ich selbst habe in den Sommerferien vor der Oberstufe einen Intensivkurs in Mathematik und Englisch besucht und in beiden Fächern so viel lernen können wie in der ganzen Mittelstufe nicht. Dabei ging der Kurs gerade einmal über die letzte Woche der Sommerferien. Die Nachhilfelehrer haben sofort erkannt, was ich verstanden hatte und wo es noch haperte, und konnten mir durch Erklärungen und Übungen zum noch unverständlichen Stoff super weiterhelfen. Schon damals habe ich aber auch selbst hart gearbeitet und nach den vier Unterrichtsstunden abends noch einmal alles aufgearbeitet und die Aufgaben wiederholt, die mir schwerfielen. Die Nachhilfe bietet alle wichtigen Bausteine und Geräte. Das Gerüst musst aber trotzdem du zusammenbauen. Der beste Nachhilfelehrer nützt dir nichts, wenn du deine Zeit nur absitzen möchtest und »ein bisschen was machen« willst. Übrigens habe ich auch nach den Sommerferien weiterhin Nachhilfe in Englisch und Mathe genommen, da man einfach individuell super gefördert wird und beispielsweise ständig an seinem Englisch-Schreibstil feilen kann, vorausgesetzt natürlich, man strengt sich wirklich an und lernt aus bereits begangenen Fehlern.

Nachhilfe ist aber – leider – auch eine Frage des Geldes. Aufgrund schlechter Erfahrungen rate ich dir aber dringend davon ab, einen Studenten als Nachhilfelehrer auszusuchen, auch wenn er qualifiziert erscheinen mag und wenig Geld für seine Dienste verlangt. Studenten verfügen oftmals über keine didaktischen Kenntnisse, keinerlei Erfahrungen mit deinen speziellen schulischen Problemen, müssen sich den Stoff erst selbst wieder anschauen und haben kein Gefühl dafür, was du draufhaben musst und was nicht. Meist musst du letztlich auch mehr Geld bezahlen als in der Nachhilfeschule, da Studenten in der Regel Einzelunterricht geben und die Bezahlung nicht wie in der Lerngruppe unter mehreren Schülern aufgeteilt wird. Falls sich keine Nachhilfeschule und auch kein professioneller Nachhilfelehrer in deiner Nähe befindet, kannst du natürlich einzelne Unterrichtsstunden bei einem Studenten oder sonstigen nicht professionellen Nachhilfeanbieter in Anspruch nehmen. Halte aber zuerst nach berufsmäßigen Anbietern Ausschau.

CHECKLISTE ABHAKEN

Bevor dein erstes Semester beginnt, solltest du am besten eine Checkliste erstellen, in der du möglichst detailliert aufschreibst, was du noch zu tun hast. Bist du gut informiert über das Oberstufensystem, hast du keine gravierende Lücken in den gewählten Fächern und hast du eine gute Organisation? Ist jeder Punkt guten Gewissens abgehakt, kann der Kampf um das 1,0-Abi beginnen. Von nun an gilt es um jeden einzelnen Punkt zu kämpfen.

Mach dir bewusst, dass es letztlich an deiner Bereitschaft liegt, über einen langen Zeitraum hart an dir und deinen Noten zu arbeiten. Denn ohne den inhaltlichen Stoff zu kennen, kannst du auch mit der geschicktesten Vorgehensweise kein 1,0-Abitur hinbekommen. Ohne Arbeit geht es nie – weder in der Schule noch sonst irgendwo. Habe die Zahl 1,0 ständig im Hinterkopf, damit du nie vergisst, wofür du die nächsten zwei Jahre hart arbeiten wirst. Und mach dir keine Sorgen: Wenn du alle nötigen Vorbereitungen getroffen hast, bist du optimal vorbereitet, was auch immer auf dich zukommen mag.

Frustrationstoleranz

Bereits wenn du damit beginnst, deine Wissenslücken zu schließen, wirst du mit dem häufigsten Lernproblem überhaupt konfrontiert sein: Du verstehst etwas nicht. Egal wie oft du dir den Text durchliest, egal wie oft du dir die Beispielaufgabe anschaust, egal wie oft du es probierst, du verstehst es nicht. Jeder kennt das. Vor allem wenn du gerade erst anfängst, Wissenslücken zu schließen, und besser in der Schule werden möchtest, wirst du vielleicht auf Schwierigkeiten stoßen. Das ist völlig normal.

Und auch wenn du schon etwas verstehst, wirst du plötzlich Schwierigkeiten haben, es anzuwenden. Und wenn du es schon anwenden kannst, wird es auf einmal schwierigere Aufgaben geben, bei denen du nicht mehr weiterweißt. Ich habe immer wieder Dinge nicht verstanden und manchmal sehr lange gebraucht, um sie zu kapieren. Wichtig ist, dass du daran nicht verzweifelst, sondern deine Probleme angehst. Du musst dir eine gewisse »Get Shit Done«-Attitüde zulegen: »Ich sitze so lange daran, bis ich es verstanden habe«, drückt präzise aus, was den wahren Unterschied zwischen 1,0-Abiturienten und nur mittelmäßigen Schülern ausmacht. 1,0-Abiturienten sind nicht unbedingt intelligenter. Mit der Bereitschaft, sich durch die unangenehmsten Physikregeln hindurchzuquälen, bis man sie ausnahmslos alle verstanden hat, kommen die ganzen Einsen angeflattert.

Als ich in den Sommerferien in meinem Zimmer saß und anfing, für die Schule zu pauken, gab es vor allem in Mathe so einige Themen, an denen ich mir echt die Zähne ausbiss. Vor allem als ich Gleichungen nach X auflösen sollte. Was machen, wenn X auf beiden Seiten ist, was machen, wenn in jedem Term ein X dabei ist etc.? Ich war völlig verwirrt und wusste nicht, wo ich anfangen sollte. Hinzu kamen Zweifel, ob Mathe nicht doch ein wenig zu komplex für mich ist und ob ich es nicht deshalb lieber bleiben lassen sollte. Ich hatte wirklich keine Ahnung, wie man das macht, und war nicht sicher, ob ich intellektuell überhaupt in der Lage dazu bin, das zu begreifen.

Mittlerweile lache ich darüber und bin mir zu 100 Prozent sicher, dass jeder in der Lage ist, Schulmathematik zu verstehen. Warum tut es dann nicht jeder? Ganz einfach! Weil die meisten eine zu geringe Frustrationstoleranz haben. Sie schauen sich die Matheaufgaben ein paar Minuten an, verstehen sie nicht, bekommen schlechte Laune und geben auf. Es erfordert eine Menge Willenskraft, sich mit einer Sache so lange auseinanderzusetzen, bis man sie wirklich verstanden hat.

Sei also hartnäckig und halte durch. Wenn du etwas nicht verstehst, dann ist das völlig normal. Gib nicht auf, verzweifele nicht daran, sondern suche eine Lösung. Ich habe auch vor allem anfangs immer wieder Dinge nicht verstanden, die anscheinend jeder andere kapiert hatte. Ich habe aber so lange im Internet recherchiert, Youtube-Erklärvideos geguckt, Mitschüler gefragt, Nachhilfelehrer gefragt, bis ich es verstanden hatte.

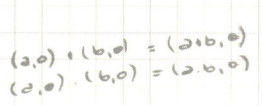

$(a,0) + (b,0) = (a+b, 0)$
$(a,0) \cdot (b,0) = (a \cdot b, 0)$

$\sinh x = \dfrac{e^x - e^{-x}}{2}$

TEIL 2:
GESCHICKTES VERHALTEN
IN DER SCHULE

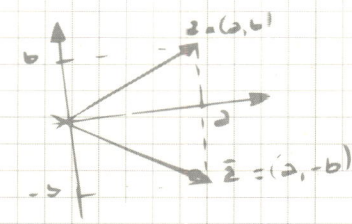

Leistungen sind relativ

In diesem Kapitel geht es darum, wie du dich in der Schule verhältst, um in der mündlichen Mitarbeit konsequent Bestnoten abzustauben, ideale Voraussetzungen für deine schriftliche Note zu schaffen und ein gutes Verhältnis zu deinen Lehrern und Mitschülern aufzubauen.

Bevor du dich in den Kampf um die Bestnoten für deine mündliche Mitarbeit stürzt, solltest du unbedingt verstehen, dass 1 nicht gleich 1 ist. Das fängt ja schon mit deinem Heimat-Bundesland an. Gehst du in Baden-Württemberg oder Bayern zur Schule, erwarten deine Lehrer erheblich mehr Wissen von dir als ihre Berliner Kollegen. Das Leistungsniveau ist in den südlichen Bundesländern höher als in Norddeutschland. Auch die Pisa-Studien bestätigen, dass süddeutsche Schüler mehr auf dem Kasten haben als Kinder und Jugendliche aus den nördlicheren Bundesländern, wenn es um reines Wissen geht. Zur Verteidigung der norddeutschen Schüler sollte man aber fairerweise anführen, dass sie womöglich fähiger sind, eigenständige Urteile abzugeben, da beispielsweise in Berlin darauf etwas mehr Wert gelegt wird.

So oder so kann aber z.B. ein Schüler in Berlin lauter Einsen kassieren, während er sich in einer bayerischen Schule für dieselbe Leistung mit Zweien und Dreien zufriedengeben müsste. In Berlin wäre er vielleicht auffallend gut, in einem bayerischen Klassenraum nur etwas überdurchschnittlich. Das Unterrichtsniveau ist natürlich auch noch mal von Schule zu Schule unterschiedlich, und man könnte noch zwischen einzelnen Klassen und Kursen differenzieren... Der springende Punkt ist, dass du immer relativ gut bist und nicht absolut.

Das trifft auch auf die Benotung deiner mündlichen Leistungen innerhalb deiner Klasse bzw. deines Kurses zu. Der Lehrer misst dich nie an deinen tatsächlichen Leistungen, sondern immer im Vergleich zum Rest der Klasse. Folglich kannst du also noch so gut sein, wenn es mehrere bessere Schüler gibt, kannst du niemals die 15 Punkte erreichen.

Deswegen ist das Kriterium 2 bei der Wahl der Grund- und Leistungskurse, also die Frage, ob du es schaffen kannst, den Unterricht zu führen, auch so wichtig. Ein Lehrer wird niemals mehr als drei Schülern die höchste

Punktzahl geben, auch wenn fünf Schüler über die eigentlich nötigen Qualifikationen verfügen, sondern immer nur denjenigen, die sich am meisten hervortun. Auf der anderen Seite kannst du noch so ahnungslos sein, wenn deine Mitschüler noch weniger wissen, wirst du automatisch überbewertet.

Deshalb wird es von nun an nicht dein Ziel sein, einfach nur sehr gut zu sein, sondern besser als alle anderen. Vergleiche dich immer mit deinen stärksten Mitschülern. In einigen Fächern, wo die Konkurrenz nicht so stark ausgeprägt ist, wirst du es folglich leichter haben, die 1 oder 1+ zu erreichen, während du in leistungsstarken Kursen dich mit aller Kraft gegen die anderen Titanen durchsetzen musst. Demnach wirst du in einige Fächer eher wenig Zeit außerhalb der Schule investieren müssen, wenn du Glück hast teilweise sogar gar keine. Für andere Kurse musst du dich unter Umständen jeden Tag eine ganze Stunde hinsetzen, um sicher zu gehen, dass du am nächsten Tag auch wirklich alle anderen Schüler übertrumpfst. Erfahrungsgemäß wird es vor allem in deinen Leistungsfächern zu Herausforderungen seitens deiner Mitschüler kommen. Da Leistungskurse auch noch deutlich mehr zählen als Grundkurse, wird es natürlich zu deiner Hauptaufgabe werden, deinen Leistungskurs-Mitschülern immer einen Schritt voraus zu sein.

Sportlicher Wettkampf unter Freunden – kein Krieg

Wenn ich von Konkurrenz spreche, dann will ich damit nicht sagen, dass du deine Mitschüler als deine Feinde betrachten sollst. Auf keinen Fall! Einige meiner besten Freunde waren in der Schule auch meine Konkurrenten um die guten Noten. Wenn du also mit deinen Mitschülern um Noten konkurrierst, dann fass es nicht als einen Krieg auf, in dem du Feinde hast. Ganz im Gegenteil – wenn du auf Distanz zu deinen Mitschülern gehst, dann wirst du nicht nur unglücklich in der Schule sein, sondern auch schlechtere Noten bekommen. Denn wenn du deinen Mitschülern nicht hilfst, dann werden sie dir auch nicht helfen. Wenn du zum Beispiel einmal krank warst und den Unterricht verpasst hast, dann bist du davon abhängig, dass dir andere Schüler sagen, was im Unterricht los war. Sei also auf eine gute Beziehung zu deinen Mitschülern bedacht!

Es ist aber unbestritten, dass du positiv auffallen musst, um hervorragende Noten zu bekommen. Und auffallen tust du nun einmal, indem du dich durch deutlich bessere Leistungen als andere hervorhebst. Verstehe die Konkurrenz am besten als sportlichen Wettkampf mit deinen Mitschülern, in dem es darum geht, am stärksten positiv aufzufallen.

Der erste Eindruck zählt am meisten

Entscheidend ist immer der erste Eindruck den du bei einem neuen Lehrer hinterlässt. Das menschliche Gehirn, also auch das deines Lehrers, ist so programmiert, dass der erste Eindruck sehr hartnäckig hängen bleibt. Hebst du dich bereits in der ersten Unterrichtsstunde positiv von deinen Mitschülern ab, hast du super Chancen, deinen Lehrer langfristig von dir zu überzeugen und dauerhaft gute Noten zu kassieren. Nutze diese Tatsache unbedingt für dich. Hast du dich einmal gut eingeführt, kannst du später unter Umständen sogar einen Gang herunterschalten; Hauptsache, du machst in den ersten Stunden einen enorm guten Eindruck.

Sei also pünktlich und erscheine einige Minuten vor Beginn des Unterrichts. Am besten machst du es dir zur Gewohnheit, immer spätestens ein paar Minuten vor Beginn der Stunde im Klassenraum zu sein. Dadurch gehst du sicher, dass du nicht zu spät bist und ausreichend Zeit hast, deine Arbeitsmaterialien auszupacken und zu organisieren. Wenn du pünktlich, gut vorbereitet und gut gelaunt erscheinst, dich in die vorderste Reihe setzt, aufmerksam zuhörst und dich bei jeder Frage meldest und diese richtig beantworten kannst, kannst du nicht viel falsch machen.

Gerade vor der ersten Unterrichtsstunde solltest du dir unbedingt noch einmal alle nötigen inhaltlichen Vorkenntnisse anschauen und auch noch mal den Rahmenlehrplan für das Fach studieren. Am besten stellst du unaufgefordert dein Namensschild auf, um es dem Lehrer zu erleichtern, dich kennenzulernen und sich einen positiven Eindruck von dir zu verschaffen. Dadurch hebst du dich bereits von den anderen ab, da du damit zeigst, dass du mitdenken und dich in die Lage des Lehrers hineinversetzen kannst.

Versuche aber nicht krampfhaft zu beeindrucken, sondern wirke dabei stets locker und entspannt. Das lässt dich deutlich sympathischer erscheinen. Wenn dich der Lehrer in der nächsten Stunde mit deinem Namen anspricht, obwohl du kein Namensschild mehr aufgestellt hast, herzlichen Glückwunsch. Du hast alles richtig gemacht.

Selbstverständlich musst du in den Stunden der ganzen nächsten zwei Jahre an deinen Leistungen anknüpfen. Auch wenn du nicht mehr jede einzelne Stunde brillierst, ist es immer noch sehr wichtig, konstant dabeizubleiben. Daran führt kein Weg vorbei, auch wenn du schon mal das richtige Zeichen gesetzt hast.

Präsenz zeigen

Immer da sein! Auch wenn es banal klingen mag: Anwesend sein ist die Grundvoraussetzung, um deine mündliche Note auf 1+ hochzukatapultieren. Du musst da sein, um den Stoff tiefgründig verstehen zu können. Viele Lehrer sagen im Unterricht Dinge, die nicht in irgendeinem Buch zu finden sind, erklären Stoff auf besonders einleuchtende Weise, bringen Details, deren Kenntnis wichtig sein kann für den Unterschied zwischen einer guten und einer exzellenten Note. Du musst da sein, um hervorragende mündliche Beiträge liefern zu können, Verständnisfragen stellen zu können, um deine Einsen in Referaten zu kassieren. Du musst da sein, um dem Lehrer zu zeigen, dass du ihn respektierst und seinen Unterricht wertschätzt. Andersherum wirst du immer Wissenslücken haben, weil du zufällig gerade in der Stunde nicht da warst, in der der Lehrer etwas Wichtiges gesagt hat. Wenn du nicht erscheinst, wird der Lehrer keine super Unterrichtsbeiträge von dir registrieren, du wirst nicht auffallen und im schlimmsten Falle wirst du durch deine Abwesenheit sogar negativ auffallen.

Anwesend sein ist die Grundvoraussetzung für eine 1+, sowohl mündlich als auch schriftlich. Keine Ausrede zählt. Ob du zu müde zum Aufstehen bist, das Wetter draußen so toll ist, du letzte Nacht bis 5 Uhr wach warst, es ist im Prinzip völlig egal. Du gehst trotzdem zur Schule. Und selbst wenn du todmüde auf deiner Schulbank hockst und nicht mit deiner Mitarbeit brillieren kannst, gehe trotzdem hin. Du wirst vielleicht erfahren, welche Themen genau in der Klausur drankommen werden oder du kannst einfach nur alles mitschreiben, damit du dir deine Notizen zu einem späteren Zeitpunkt anschauen kannst, wenn du wieder fit bist. Aber sei da!

Versuche im gesamten Jahr nicht eine einzige Stunde zu fehlen. Wenn du hohes Fieber hast, dann ist das natürlich eine andere Sache. Da ist es klüger, zu Hause zu bleiben und dich auszukurieren. Ich bin zwar öfters mit bis zu 39 Grad Fieber zur Schule gegangen und habe mich dann eben am Wochenende richtig erholt, empfehlen tue ich das aber nicht! Damit habe ich wohl meine Gesundheit sehr stark riskiert, und es hätte auch sehr schlecht für mich enden können. Aber wegen einer einfachen Erkältung oder Halsschmerzen bleiben nur Flaschen zu Hause. Und als ich einmal eine ganze Nacht im Club mit Freunden durchgemacht habe und am nächsten Tag Schule hatte, bin ich trotzdem gegangen – auch mit 0 Stunden Schlaf. Und ich konnte trotzdem noch einigermaßen gut mitmachen.

Du siehst: Zur Schule zu gehen ist in den allermeisten Fällen nicht eine Frage des Könnens, sondern eine Frage des Willens. Wenn du wirklich krank bist, dann bleib natürlich zu Hause. Aber zu wenig Schlaf oder ein leichter Schnupfen sind definitiv keine ernst zu nehmenden Gründe, um zu Hause zu bleiben und die Chance zu verpassen, etwas für deine 1+ zu tun.

LEHRER, DiE KEiNE EiNSEN VERTEiLEN

In deiner Schullaufbahn wird dir höchstwahrscheinlich der eine oder andere Lehrer begegnen, der »keine Einsen verteilt«. Egal wie gut die Schüler sind, der oder die Lehrerin will einfach nicht mit den Bestnoten herausrücken. Nicht einmal die Kursbesten der vergangenen Jahrgänge haben es hinbekommen, ihre Zeugnisse mit einer 1 von diesem Pädagogen zu schmücken.

Wenn du an einen solchen Lehrer geraten solltest und die Schwarzseher dir versichern, dass auch du keine Einsen erlangen kannst, beachte sie nicht weiter. Gehe bei diesem Lehrer wie bei allen anderen vor. Hinterlasse einen hervorragenden ersten Eindruck und befolge auch meine weiteren Tipps. Letztendlich wird auch dieser Lehrer sich weichkriegen lassen und dir deine verdienten Punkte geben. Auch ich bin an solch einen Kollegen geraten. Zwar konnte ich mir bei ihm nicht die maximale Punktzahl sichern, für 13 Punkte, also eine 1-, hat es aber dennoch gereicht, und ich bin mir sicher, dass ich noch mehr hätte rausholen können, wenn ich mich noch mehr angestrengt hätte. Die anderen redeten mir ein, dass ich es gar nicht erst probieren und mich stattdessen lieber auf andere Fächer konzentrieren sollte, der Lehrer könne mich ja übrigens sowieso nicht leiden. Ich habe mir stattdessen Gedanken gemacht, wie ich auch diesen speziellen Pädagogen überzeugen kann. Lass dir von niemandem deinen Optimismus stehlen!

Hier spielt die Musik!

Um dir eine 1+ auf dem Zeugnis zu sichern, musst du dem Unterrichtsgeschehen deine volle Aufmerksamkeit widmen. Dabei ist dein Lehrer der Mittelpunkt der Klasse, und alles, was du im Unterricht tust, richtet sich nur nach ihm. Ansonsten kannst du keine super Beiträge liefern und auch keine vernünftigen Klausuren schreiben, da du sonst die wichtigen Details nicht weißt, die nur der Lehrer kennt und preisgibt.

Versuch deshalb, jegliche Störungen im Unterricht zu vermeiden. Am besten setzt du dich nicht neben deine besten Freunde, da die Gefahr besteht, von ihnen abgelenkt zu werden. Mit deinen Freunden kannst du in der Pause und in deiner Freizeit rumhängen, so viel du möchtest. Im Unterricht aber solltest du dich neben Schüler setzen, von denen du weißt, dass sie dich nicht stören werden. Und es versteht sich natürlich von selbst, dass du einen Platz in der ersten Reihe besetzt. Es kommt immer wieder mal zu unerwarteten Störungen, wenn beispielsweise eine Biene durch das Klassenfenster eingedrungen ist und dich nun umkreist oder wenn neben dir ein paar Mitschüler tuscheln. Diese Sachen dürfen dich aber nicht ablenken, am besten ignorierst du sie einfach komplett, indem du deinem Lehrer aufmerksam zuhörst.

Das bedeutet, dass du nicht nur alles passiv aufnimmst. Du darfst nicht nur körperlich anwesend sein, sondern du musst auch unbedingt geistig mit dabei sein. Was auch immer dein Lehrer gerade erzählt, versuche es komplett zu verstehen und es nicht einfach nur zu hören. Und zwar die ganze Stunde lang. Nachdem du aus dem Klassenzimmer kommst, solltest du Hunger haben, weil du so viel Denkarbeit geleistet hast. Das Schwierigste ist nicht, etwas im Unterricht zu verstehen, sondern es besteht darin, konstant dabeizubleiben. Letztendlich gehst du nur mit der Eins aus dem Klassenzimmer, wenn du wirklich bis zum Ende der Stunde konzentriert zugehört und mitgemacht hast.

Mach dir Notizen

Es ist für eine 1+ unabdingbar, sich im Unterricht Notizen zu machen. Solltest du das bisher noch nicht getan haben, sollte es nun unbedingt zur Pflicht für dich werden. Anders wirst du nämlich niemals über genügend Informationen verfügen, um eine überragende Klausur zu schreiben.

Da der Lehrer die allerwichtigsten Sachen meist extra diktiert oder auf kopierten Blättern verteilt, solltest du sie nicht noch mal zusätzlich im Unterricht aufschreiben. Das kostet nur Zeit und bringt dir auch nichts, da es dir ja meist keine neuen Informationen übermittelt und du alles ohnehin in der Zusammenfassung deines Lehrers jederzeit nachschlagen kannst. Deswegen gilt es im Unterricht wirklich nur neue Detailinformationen stichpunktartig aufzuschreiben, die du in keinem Lehrbuch oder Tafelbild findest. Sie ergänzen dein bereits vorhandenes Wissen und sind vor allem sehr nützlich für die Klausur. Dadurch hast du nämlich den enormen Vorteil, dass du Kenntnisse in deinen Klausurtext einbringst, die deine Mitschüler im Allgemeinen nicht parat haben, die der Lehrer aber als wichtig erachtet, sonst hätte er sie ja nicht im Unterricht erwähnt. Achte also immer ganz gezielt auf Details und schreibe sie auf. Sie sind wirklich supernützlich. Der Lehrer gibt dir die Note, und deswegen ist alles wichtig, was dein Lehrer wichtig findet.

Wann immer ich solche zusätzlichen Informationen in meine Klausuren eingebracht habe, bekam ich dafür zusätzliche Punkte und konnte die Anforderungen »im besonderen Maße« erfüllen. Ich habe es mir zur Gewohnheit gemacht, in jeder einzelnen Stunde immer einen Stift in der Hand zu halten, um auch wirklich jede Einzelheit zu notieren. Meiner Meinung nach ist dies eine absolute Pflichtvoraussetzung für eine 15-Punkte Klausur, da du dich ja ansonsten nicht erkennbar von den anderen guten Schülern abheben kannst. Denn es gibt immer zwei oder drei Schüler, die den gesamten Stoff gelernt haben und auch gut anwenden können. Du brauchst solche Einzelheiten, um deine Klausurarbeiten besonders hervorzuheben.

Schreibe ruhig auch die Lieblingswörter deines Lehrers auf. Jeder Lehrer hat Lieblingswörter, die er übermäßig häufig verwendet. Wenn dein Deutschlehrer gern das Wort adäquat verwendet, dann benutzt du es eben auch ab und an; aber natürlich nicht übertreiben!

Melden, melden, melden

Rein gar nichts ist im Unterricht so wichtig, wie den Arm dauerhaft in der Luft zu halten. Mit einer Meldung beweist du deinem Lehrer, dass du ihm aufmerksam zugehört hast und seine Ausführungen verstanden hast. Denn nur unter dieser Voraussetzung kannst du ja seine Frage überhaupt beantworten.

In den Grundkursen machte bei mir in Berlin die mündliche Mitarbeit 66,6% der Gesamtnote aus und in den Leistungskursen immerhin die Hälfte der Semesternote – das war ausreichender Ansporn, im Unterricht aktiv zu sein. Wie die Gewichtung mündlich-schriftlich in deinem Bundesland ist, musst du herausfinden. Auf jeden Fall spielt die Mitarbeit und mündliche Leistung eine Rolle – hier kannst du Punkte sammeln. Nur mit guten Klausuren bekommst du keine 1,0 im Abitur hin.

Für eine gute mündliche Note musst du nicht nur im Unterricht zuhören, sondern auch bestens vorbereitet sein, also die Hausaufgaben gemacht haben, die Fachbegriffe allesamt kennen und eventuell sogar schon vorgelernt haben. Sich regelmäßig zu melden, also bei mindestens 99% der gestellten Fragen, ist der einfachste Weg, um seine Noten enorm aufzubessern. Als ich schlagartig anfing, mich bei jeder Frage zu melden, verdoppelten sich meine Punkte für die mündliche Mitarbeitsnote in fast allen Fächern, in Deutsch verdreifachte sich sogar meine Punktzahl!

Auch wenn du bisher vielleicht schüchtern warst und dich nicht richtig getraut hast, den Arm hochzuheben, oder dich nicht anständig genug auf die Unterrichtsstunden vorbereitet hast, tue es von nun an ununterbrochen. Nichts verschafft dir leichter langfristig gute Noten. Und du wirst merken, dass es Spaß macht, sich am Unterrichtsgeschehen zu beteiligen. Es ist auf jeden Fall deutlich unterhaltsamer, als unbeteiligt im Stuhl zu hängen und auf den Sekundenzeiger der Armbanduhr zu starren!

Richtig melden

Das Melden ist eine Kunst für sich. Es ist zwar nicht sonderlich schwer, muss aber trotzdem perfekt beherrscht werden. Das beginnt schon bei der rein technischen Ausführung des Armhebens. Den Arm stark angewinkelt über deinem Kopf baumeln lassen bringt natürlich nicht viel, genauso wenig wie »kleine Meldungen«, wo die Hand neben dem Kopf platziert dem Lehrer die offene Handfläche zeigt. Falls der Lehrer diese Armbewegungen überhaupt als Meldungen wahrnimmt, symbolisieren sie ihm nur deine Unsicherheit. Die Botschaft, die du deinem Lehrer damit vermittelst, lautet in etwa: Ich weiß nicht ob ich was sagen will, und ich weiß nicht, ob das, was ich vielleicht sagen will, richtig ist.

Wenn du den Arm ausgestreckt nach oben hältst und aufrecht sitzt, dann hat der Lehrer ein ganz anderes Bild von dir. Dadurch erkennt er zunächst einmal eindeutig, dass du dich überhaupt meldest. Der Lehrer sieht einen selbstbewussten Schüler vor sich sitzen, der etwas Wichtiges zu seinem Unterricht beitragen möchte. Versuche, um richtig Eindruck zu schinden, ohne überhaupt den Mund aufgemacht zu haben, den Arm möglichst schnell zu heben, bevor irgendein anderer Schüler überhaupt zu Ende gedacht hat. Das macht einen enormen Eindruck auf den Lehrer, da du damit beweist, wie weit du dem Rest der Klasse überlegen bist. Allerdings musst du auch wirklich etwas zu sagen haben, da du ja damit rechnen musst, drangenommen zu werden.

Deine Erfolge beim Melden kannst du übrigens direkt messen. Wenn dein Lehrer deine Meldung registriert hat und dich trotzdem nicht drannimmt, obwohl klar und deutlich kein anderer Finger oben ist, dann ist das ein sehr gutes Zeichen. Denn dann ist dein Lehrer überzeugt, dass du die Antwort kennst, und sucht nach einem anderen Schüler, der sie ihm auch liefern kann. Sagt er noch etwas wie: »Kennt noch jemand die Antwort außer David?«, hast du deine 15 Punkte für diese Stunde garantiert.

Der 1+-Beitrag

Um dir 15 Punkte für die mündliche Mitarbeit zu sichern, muss dein Beitrag auch qualitativ sehr hochwertig sein. Der Inhalt deines Beitrags ist um ein Vielfaches wichtiger als die Anzahl deiner Meldungen.

Die Grundvoraussetzung für einen sehr guten Beitrag ist, dass du das Thema wirklich verstanden hast. Stelle also auf laufender Basis sicher, dass du bei jedem Detail mitkommst. Wenn du irgendwo »aussteigst«, ist es sehr mühsam, wieder reinzukommen.

Was macht einen qualitativ sehr hochwertigen Beitrag aus? Er muss selbstständig, produktiv, kritisch und vollständig sein. Mit anderen Worten musst du immer darauf achten, eine differenzierte Aussage zu machen. Du kannst nicht einfach nur wiederholen, was der Lehrer gesagt hat. Du kannst nicht einfach mit Ja oder Nein antworten, sondern du musst immer alles begründen und mögliche Gegenargumente widerlegen. Ein guter Schüler kann seine Meinung begründen. Ein sehr guter Schüler kann seine Meinung begründen und gleichzeitig mögliche Gegenargumente verwerfen.

Wenn beispielsweise die Geschichtslehrerin fragt, ob das Mittelalter wirklich eine finstere Epoche war, dann solltest du etwa so antworten:

Meiner Meinung nach kann das Mittelalter durchaus als finstere Epoche angesehen werden. Zwar weisen auch andere Epochen negative Merkmale wie etwa die Unterdrückung der Frau, Glaubenskriege, Krankheiten und einen eher langsamen Fortschritt der Technik auf. Allerdings prägten sie den Zeitgeist im Mittelalter verhältnismäßig deutlich stärker, wobei eine besondere Gewichtung dem Schwarzen Tod zuzuschreiben ist, dem ein Drittel der damaligen europäischen Bevölkerung zum Opfer fiel.

Die Länge deines Beitrags und die Anwendbarkeit der Kriterien hängen natürlich immer vom Fach ab und von dem Lehrer, der es unterrichtet. In Mathe reicht es oftmals nur, ein Ergebnis zu nennen oder an der Tafel etwas vorzurechnen. Aber gib in anderen Fächern, wenn möglich, lange Antworten, die den Kriterien entsprechen. Versuche dabei auch immer auf die Beiträge deiner Mitschüler einzugehen. Schließ dich der Meinung eines anderen Schülers bei Diskussionen an und ergänze sie mit wertvollen Argumenten, oder sprich dich gegen die Ansicht eines Mitschülers aus und widerlege sie logisch. Wenn du einen Mitschüler widerlegen möchtest, solltest du aber versuchen, ihn nicht wie einen Idioten aussehen zu lassen. Sag nicht, dass er völlig unrecht hat, sondern, dass er zwar die wichtigen Punkte A, B, C benannt hat, du allerdings trotzdem anderer Meinung bist, weil er beispielsweise Punkt D vergessen hat zu erwähnen. Oder du hast aus den genannten Punkten A, B, C andere Schlüsse gezogen. Lasse ihn sein Gesicht wahren. Davon hat dein Mitschüler etwas und letztendlich auch du, da dein Lehrer und vor allem deine Klassenkameraden es nicht gern sehen, wenn ein Schüler heruntergemacht wird. Besonders bei Lehrern, die Wert auf soziale Kompetenzen und Fairness legen, bist du mit einem solchen Verhalten ruckzuck unten durch.

Sehr gut ist es auch, wenn du deine Argumente immer wieder mit Zahlen belegen kannst. Du sollst auf gar keinen Fall mit Zahlen um dich werfen, aber du kannst dezent ruhig ein paar Zahlen in deine Argumentation miteinfließen lassen. Das macht einen wahnsinnig souveränen Eindruck!

Die Fachsprache benutzen

Die jeweilige Fachsprache darf in einem sehr guten Beitrag nicht fehlen. Ohne sie wirst du niemals 15 Punkte für die mündliche Mitarbeit bekommen. Wer die Fachsprache benutzt, zeigt, dass er das Thema nicht nur vollkommen versteht, sondern sogar bereit ist, es auf wissenschaftlichem Niveau zu behandeln. Die Fachbegriffe geben deinem Beitrag den letzten Schliff. Was bringt einem das tollste Haus, wenn es nicht anständig gestrichen ist? Es wäre niemals vollständig und keiner würde es zu einem hohen Preis kaufen wollen. Genauso ist es mit deinem Unterrichtsbeitrag, wenn die nötigen Fachbegriffe nicht eingefügt werden. Benutzt du sie, bietest du deinem Lehrer ein vollkommenes Produkt an, und nur das ist die Bestnote wert.

Um sich die Wichtigkeit der Fachsprache vor Augen zu führen, reicht es, einen Blick auf die Benennung der Satzteile zu werfen. Würdest du heute noch Haupt-Wort, Tu-Wort und Wie-Wort sagen? Wahrscheinlich nicht. Substantiv, Verb und Adjektiv hören sich einfach viel besser an und sind auch streng genommen als einzige Bezeichnung für diese drei Satzteile korrekt. Genauso verhält es sich auch mit den Begrifflichkeiten in der Oberstufe. Ein Lehrer ist in der Regel ein Profi in seinem jeweiligen Fach. Für dich mag es sich völlig in Ordnung sein zu sagen, dass das Natrium in die Zelle hineinströmt. Allerdings hört sich das in den Ohren deines Lehrers nicht viel anders an als für dich, wenn jemand Tu-Wort oder Wie-Wort als Bezeichnung für Verb oder Adjektiv benutzt. Um nicht auf demselben Kleinkinderniveau über die Zelle zu sprechen, solltest du stattdessen sagen, dass die Natrium-Kationen durch die semipermeable Membran ins Zellinnere hineindiffundieren. Es hört sich einfach viel seriöser an. Achte immer darauf, die korrekten Fachbegriffe zu benutzen!

Stelle kluge Fragen

Die meisten Menschen würden dir dazu raten, immer zu fragen. Lehrer betonen häufig genug, wie wichtig es ist, Fragen zu stellen, und beteuern, dass fragende Schüler keine schlechtere Mitarbeitsnote bekommen, da sie ja dadurch Interesse am Fach zeigen. An diesem Punkt bin ich anderer Meinung, wenn es um Schüler geht, die mehr als 12 Punkte, also mehr als eine 2+, haben wollen. So wie man in seinen mündlichen Beiträgen stets differenzieren muss, darf man auch nicht alle Fragen über einen Kamm scheren. Es gibt gute Fragen und schlechte Fragen. Insgesamt lassen sie sich in drei unterschiedliche Fragetypen unterteilen, die man dringend unterscheiden muss:

- Verständnisfragen
- weiterführende, vertiefende Fragen
- entfernt themabezogene Fragen

Verständnisfragen

Zu den Verständnisfragen gehören alle Nachfragen, die den Lehrer zur Wiederholung des Unterrichtsinhalts veranlassen. Ein Schüler, der etwas nicht verstanden hat, fragt nach, woraufhin der Lehrer genau dieses Thema noch einmal wiederholt, anders oder anschaulicher erklärt. Der fragende Schüler zeigt Interesse am Fach und dass er aufmerksam im Unterricht zuhört und mitdenkt, und diesen einen Punkt versteht er nun nicht. Dies sind alles Merkmale eines guten Schülers, daher wirkt die Frage auch positiv auf den Lehrer.

Auf der anderen Seite lässt sich dieses Frageverhalten jedoch auch unvorteilhaft auslegen, wenn man wirklich die höchsten Punktzahlen anstrebt. Denke daran, Leistungen sind relativ. Wenn du Verständnisfragen stellst, während es deine größten Konkurrenten nicht tun, lässt dich das natürlich schlecht dastehen und kann sehr schnell dazu führen, dass dein Lehrer dein Verständnis als Gesamtes anzweifelt, auch wenn vielleicht nur eine kleine Lücke existiert. Und wenn deine Konkurrenten oder anderen Mitschüler dann auch noch deine Frage beantworten, siehst du in jedem Fall in den Augen deines Lehrers alt aus.

Kommen Verständnisfragen deinerseits gehäuft vor, kann das sehr schnell die Bewertung deiner Leistung von sehr gut auf gut oder vielleicht sogar noch weiter senken. Ständige Nachfragen blockieren außerdem den Fortschritt des Unterrichts, was dem Lehrer auch keine gute Laune macht, da er euch ein bestimmtes Programm in einem festen Zeitraum beibringen muss. Falls du wirklich mal ein Thema nicht verstehst, schaue es dir lieber zu Hause an oder lass es dir von einem Mitschüler außerhalb des Unterrichts erklären. An der Stelle bietet es sich auch an, professionelle Nachhilfe in Anspruch zu nehmen, unabhängig davon, ob du ansonsten gut bist und eigentlich immer alles verstehst. Sollte sich wirklich keine andere Lösung finden, kannst du auch im Unterricht nachfragen. Achte aber darauf, dass es nicht zur Gewohnheit wird, denn dann kannst du dich von einer Eins auf dem Zeugnis getrost verabschieden.

Weiterführende, vertiefende Fragen

Ganz anders sieht es aber mit weiterführenden, vertiefenden Fragen aus. Wenn du auf der Basis deines sehr guten Verständnisses eine Frage stellst zum Thema, die im bisherigen Unterricht noch nicht thematisiert und beantwortet wurde, ist dies sehr positiv zu bewerten. Denn die Voraussetzung für solch eine Frage ist natürlich, dass man aufmerksam zugehört, alles verstanden und sich viele Gedanken zum Thema gemacht hat, sodass man nun zu einer völlig neuen Erkenntnis gelangt ist. Dadurch zeigt man, wie tief man in die Materie eingedrungen ist. Meist gehen solche Fragen in die Richtung, in die der Unterricht sowieso hinauslaufen soll. Das sind die »guten Fragen« über die sich die Lehrer am meisten freuen und die sie auch von 15-Punkte-Kandidaten erwarten. Wann immer sich dir eine solche Frage aufdrängt, warte nicht lange, sondern melde dich und erkundige dich, was es damit auf sich hat. Einige Lehrer legen sogar mehr Wert auf gute Fragen als auf gute Antworten. Achte also darauf, regelmäßig die richtigen Fragen zu stellen.

Wenn dein Geschichtslehrer beispielsweise über den Friedensvertrag des Vietnam-Kriegs berichtet, dann kannst du gern fragen, wie andere Staaten den neu geschlossenen Frieden wahrgenommen haben, wobei dich natürlich vor allem die Reaktionen der Sowjetunion und der Verbündeten der USA interessieren. Das wäre im Kontext des Themas »Kalter Krieg« eine weiterführende, vertiefende Frage. Wenn du gerade in Mathe lernst, dass die Ableitung der Distanz die Geschwindigkeit ist, dann kannst du zum Beispiel nachfragen, was dann wiederum die Ableitung der Geschwindigkeit wäre. Wenn der Mathelehrer euch gerade beibringen möchte, wie Ableitungen in Sachaufgaben angewendet werden, dann ist diese Frage weiterführend und vertiefend. Achte immer darauf, dass die Frage nicht vom Thema abweicht und keine Verständnisschwierigkeiten von dir zeigt.

Entfernt themabezogene Fragen

Unter diese Kategorie fallen alle Fragen, die nicht direkt etwas mit dem Unterrichtsthema zu tun haben. Meist macht der Schüler hierbei eine Verknüpfung des Themas zum menschlichen Alltag. So wird beispielsweise im Fach Physik, wenn gerade Halbleiter thematisiert werden, vom Schüler nach dem Nutzen der Halbleiter im Bereich der Solarzellen gefragt. Wer danach fragt, zeigt, dass er aufmerksam zuhört und interessiert am Thema ist. In gewisser Hinsicht handelt es sich hierbei auch um eine vertiefende Frage, da dadurch mehr über Halbleiter in Erfahrung gebracht wird.

Allerdings stellt sich hierbei das Problem, dass vom eigentlichen Unterrichtsthema abgedriftet wird, und das kann, wie zu viele Verständnisfragen, den Lehrer stören, weil er mit seinem Stoff nicht durchkommt, da ihr ständig vom Thema abschweift. Es ist sicherlich interessant, über den Tellerrand zu schauen, allerdings vertieft man das klausurrelevante Wissen ja nicht wirklich. In der Prüfung wirst du eher über die Funktionsweise der Schaltung eines Halbleiters schreiben müssen als über den konkreten Nutzen bei der Fotovoltaik. Und da ein Lehrer ja immer bemüht ist, seinen Unterricht zielgeleitet, nämlich in Richtung Klausur, zu führen, spielt man ihm mit solchen Fragen auch nicht gerade zu. Deswegen sollte man entfernt themabezogene Fragen weitestgehend vermeiden.

Ich selbst habe mich in meiner Oberstufenlaufbahn stets bemüht, nur weiterführende, vertiefende Fragen zu stellen. Mir ist aufgefallen, dass viele meiner Konkurrenten, die inhaltlich genauso fit waren wie ich, sich die Bestnoten versauten, weil sie bei den kleinsten Verständnisschwierigkeiten sofort nachfragten, während ich immer wartete, bis der Unterricht vorbei war, und mir alles Unverständliche zu Hause oder bei der Nachhilfe in Ruhe anguckte. Das Ergebnis war dann, dass die Lehrer die Fähigkeiten der anderen niedriger als meine einstuften, obwohl wir gleich gut waren. Als jemand, der sich die Regeln des »Melden, melden, melden« genau eingeprägt hat, beantwortete ich, wann immer es möglich war, die Fragen meiner rätselnden Konkurrenten ausführlich; meine inhaltlichen Fragen dagegen behielt ich für mich und ließ sie mir nach der Unterrichtsstunde beantworten, sodass der Lehrer nie mitbekam, wenn ich gerade seinem Bild von mir nicht gerecht wurde.

Das gab mir logischerweise den entsprechenden Bonus beim Lehrer und das Abo auf die 15er- und 14er-Notenpunkte, während meine Mitschüler, die genauso gut waren wie ich, mit mageren 12 Punkten aus der

Sache rausgingen. Für Kandidaten, die in der Schule nur irgendwie durchkommen wollen und keinen Ehrgeiz an den Tag legen, ist es natürlich besser, Verständnisfragen und entfernt themabezogene Fragen zu stellen als gar keine mündliche Mitarbeit zu liefern. Fakt ist jedoch, dass ein sehr guter Schüler nur weiterführende, vertiefende Fragen stellen sollte.

Trainiere deine Debattier-Fähigkeiten
Im Unterricht werdet ihr sehr häufig über irgendwelche Themen diskutieren. Deshalb ist es unglaublich wichtig, dass du in der Lage bist, überzeugend zu argumentieren. Und das schließt neben einer inhaltlich richtigen Aussage auch eine überzeugende Darbietung deines Arguments mit ein. Das fängt mit einfachen Dingen wie Tonfall, Betonung, Pausen, Mimik und Gestik an, die massiv zum Gesamteindruck beitragen. Das Klappern gehört zum Handwerk, und Studien haben ergeben, dass die meisten Menschen viel stärker darauf achten, wie etwas gesagt wird, als auf den Inhalt. Also, sieh zu, dass du überzeugend auftreten kannst. Ein gewisses rhetorisches Geschick schadet natürlich auch nicht. Wenn du deine Rhetorik verbesserst, wirst du deine Mitschüler und deinen Lehrer stärker von deiner Meinung überzeugen können und dadurch letztlich auch bessere Noten bekommen.

Am effektivsten trainierst du das, indem du diskutierst. Du brauchst nicht gleich damit anzufangen, mit jedem Menschen, den du triffst, wild drauflos zu debattieren. Versuche aber zum Beispiel, dich in Diskussionen stärker einzubringen – das übt.

Eine weitere gute Trainingsmethode ist, einem Debattierclub beizutreten. Da es an meiner Schule keinen Debattierclub gab, habe ich eben selbst einen gegründet. Das war ein wunderbares, äußerst lehrreiches Erlebnis. In einer kleinen vertrauten Debattierrunde kannst du verschiedene Argumentationstechniken ausprobieren und so herausfinden, was am besten für dich funktioniert. Und das ohne einen Lehrer im Nacken, der dich dafür bewertet, wie gut du reden kannst. Du wirst merken, dass du nach und nach besser betonst, geschickter Pausen zwischen deinen Sätzen einlegst und überzeugender wirst. Du wirst auch selbstbewusster sprechen.

Nutze also die Möglichkeit und besuche einen Debattierclub. Du erlernst Fähigkeiten, die dir für den Rest deines Lebens viel bringen werden. Und definitiv auch für deine mündliche Note.

Frag nach Referaten

Sie sind ein einfacher Weg, die mündliche Mitarbeitsnote zu verbessern, und werden zudem von vielen Lehrern gern gesehen. Wenn man sich einigermaßen gut darauf vorbereitet, bekommt man bei den meisten Lehrern auch sehr leicht eine 1 oder 1+.

Wichtig ist, wie man danach fragt. Wenige Lehrer mögen es, wenn man planlos zu ihnen kommt und fragt: Kann ich ein Referat machen? Das wirkt, als ob du einfach nur Punkte sammeln willst, egal wie, und obendrein hat der Lehrer das Gefühl, dass du ihm jetzt die Arbeit aufhalsen willst, ein Thema zu finden. Besser ist es, wenn du selbst eine Idee hast, die wirklich zum Thema passt und eine interessante Frage betrachtet. Schaue dir am besten den Rahmenplan für dieses Semester an und sei dir darüber im Klaren, zu welchem Zeitpunkt sich dein Referat am besten anbieten würde.

Mach Extraaufgaben

Viele Lehrer verteilen Extra-Aufgaben, mit denen die Schüler ihre Note noch einmal verbessern können. Das sind vor allem Referate, aber auch Aufsätze sind denkbar. Was auch immer dein Lehrer anbietet, nimm es dankbar an. Es sind geschenkte Punkte!

Analysiere deine Lehrer

Allein in Deutschland gibt es ca. 670.000 Lehrkräfte. Und jeder von ihnen hat seine eigenen Ansichten im Hinblick auf einen sehr guten Schüler. Inzwischen weißt du ja, dass deine Note relativ ist, abhängig von der Beurteilung deines Lehrers. Auf deinem Zeugnis gibt die Punktezahl nicht deine tatsächliche Leistung in einem Fach an, sondern nur die Sichtweise deines Lehrers auf deine erbrachte Leistung – von Fächern wie Mathe mal abgesehen, wo wirklich nur ganz objektiv die Lösung auf dem Papier zählt, die entweder richtig oder falsch ist. Und deswegen ist es besonders wichtig, sich individuell in jedem Fach an den notengebenden Lehrer anzupassen.

Unter all den vielen Pädagogen gibt es so viele unterschiedliche Vorlieben, wie es Sandkörner am Strand gibt. Analysiere also immer deine Lehrer, um herauszufinden, was sie besonders gern haben und was sie überhaupt nicht ausstehen können, und richte dich dann auch wirklich danach.

Einem Lehrer ist es womöglich besonders wichtig, dass seine Schüler übermäßigen Fleiß zeigen. Dementsprechend solltest du für seinen Unterricht sehr umfangreiche Hausaufgaben vorbereiten, vielleicht auch einmal nach Referaten oder Kurzvorträgen fragen und zeigen, was für eine fleißige Biene du bist.

Der nächste Lehrer legt vielleicht Wert darauf, eine lebendige Stimmung im Unterricht zu haben. In seinem Unterricht musst du dich dann natürlich besonders aktiv beteiligen. Hier ist die Hauptsache, dass du dich bei jeder Frage meldest und dich bei Diskussionen und Gruppenarbeiten stark einbringst.

Andere Lehrer können eine klare Abneigung gegenüber Strebern zur Schau stellen. Sie verabscheuen nervende Schüler, die mit drei Seiten langen Hausaufgaben antanzen und ständig nach irgendwelchen Extraaufgaben verlangen. Achte darauf, was einem solchen Lehrer wirklich wichtig ist. Vielleicht legt er besonders viel Wert darauf, dass du dir eine eigene Meinung zum Thema bildest und diese dann auch argumentativ vor der Klasse vertrittst? Oder vielleicht steht vor dir ein Lehrer, dem es gar nicht so wichtig ist, was du in der Klasse sagst; er achtet viel lieber darauf, was du dann in der Klausur hinschreibst. Bei solch einem Kollegen musst du natürlich doppelt so viel vor der Klausur lernen, aber kannst bei den Hausaufgaben ruhig ein bisschen kürzer treten. Natürlich müssen deine Hausaufgaben trotzdem vollständig gemacht sein.

WAS HÄLT DER LEHRER VON DER WELT?

So wie auch du bestimmte Weltanschauungen hast, vertreten deine Lehrer auch eine eigene Meinung. Falls du nicht richtig einschätzen kannst, wie sie zu Gesellschaft, Religion, Politik und Wirtschaft stehen, solltest du nicht unnötig deine eigenen Ansichten preisgeben. Schließlich kannst du nie wissen, ob deine Lehrer eine ähnliche Sichtweise der Dinge haben oder eine gegensätzliche Meinung vertreten. Wenn es um die großen Fragen des Lebens geht, sind Menschen oftmals sehr emotional. Lehrer bilden hierbei keine Ausnahme.

Vermeide also jegliche Unannehmlichkeiten, die aufgrund verschiedener Philosophien entstehen. Häufig genug präsentieren Lehrer aber auch ihre Weltanschauungen oder lassen diese zumindest erahnen. Wenn sie dir nicht gerade sympathisch sind, solltest du das einfach verbergen und nicht weiter darauf eingehen. Decken sich jedoch eure Ansichten, kannst du auch ruhig deine eigenen Anschauungen dazu preisgeben, wann immer sich die Gelegenheit dazu bietet.

Doch Vorsicht: Ist dein Lehrer genau wie du der Meinung, dass die Globalisierung mehr Nachteile als Vorteile mit sich bringt, heißt das noch lange nicht, dass er auch glaubt, gierige westliche Wirtschaftsmagnaten wollten die Dritte Welt ausrauben. Sei stets vorsichtig bei dem, was du sagst. Im Religionsunterricht ist es nicht gerade förderlich, sich als Atheist zu erkennen zu geben. In diesem Fall versetzt du dich im Unterricht einfach in die Rolle eines Gläubigen. Das widerspricht keinesfalls deinen eigenen Ansichten, denn du wirst schließlich nicht gefragt, ob du an Gott glaubst oder nicht. Bist du allerdings streng gläubig, dann stelle das auch ruhig zur Schau, denn es wird dir sicherlich einen Vorteil verschaffen.

Entwickle den richtigen Riecher

Es sind oftmals ganz bestimmte Einzelheiten, die Lehrer hören wollen. Sie warten häufig auf einzelne Signalwörter, bestimmte Redewendungen oder wollen bestimmte Aspekte des Themas beleuchten. Versuche herauszufinden, welche das sind. Meist findet man das heraus, indem man ganz einfach aufmerksam zuhört. Gibt es Signalwörter, die immer wieder fallen? Benutzt der Lehrer ungewöhnliche Wörter oder Beispiele? Weist er vielleicht sogar ganz deutlich auf einen Aspekt hin? In deinen Beiträgen solltest du immer gezielt diese Punkte berücksichtigen.

Nehmen wir an, deinem Deutschlehrer wäre die Verknüpfung von künstlerischem Schaffen und Weltpolitik besonders wichtig. Um dir deine 15 Punkte bei ihm zu sichern, kannst du bei der Thematisierung von Bertolt Brecht im ersten Semester beiläufig den Wiener Brecht-Boykott erwähnen und ein wenig über die wechselseitige Bedeutung von Politik und Literatur erzählen. Oder deine Geschichtslehrerin spricht immer wieder die Rolle der Frau in den einzelnen Epochen an. Dann musst du natürlich darauf achten, deinen Beiträgen regelmäßig eine Bemerkung über das Frauenbild und den emanzipatorischen Fortschritt oder Rückschritt in der jeweiligen Zeit hinzuzufügen.

Dein Ruf eilt dir voraus

Hast du schon einmal das Gefühl gehabt, dass einige Schüler unfair benotet wurden? Welche Schüler waren es? Oft ist es so, dass schulbekannte Krawallmacher noch schlechtere Noten bekommen, als sie eigentlich verdienen. Und auf der anderen Seite bekommen wiederum artige Schüler, die sich an die Schulregeln und die Regeln des Miteinander halten, erheblich bessere mündliche Noten, als man für möglich halten würde. Allein die gute Reputation beschert ihnen ein paar Punkte mehr. Und du kannst nicht Klassenbester werden, dir also die 15 Punkte in jedem Fach sichern, ohne auch das entsprechende Verhalten an den Tag zu legen.

Unterbewusst erwartet dein Lehrer von dir das angemessene Verhalten eines Musterschülers. Oder hast du jemals einen strikten Einserschüler kennengelernt, der sich asozial verhalten hat? Achte also stets auf deinen guten Ruf und lass ihn durch nichts verderben. Wenn sich im Lehrerkollegium herumspricht, dass du zwar sehr gut bist, aber gegen die Regeln verstößt, werden dir die meisten garantiert keine 1 geben. Auch Lehrer sind Herdentiere. Sie wollen sich nicht unter ihren Kollegen unbeliebt machen, indem sie einem fragwürdigen Schüler 15 Punkte im Zeugnis geben.

Ein guter Ruf ist die Voraussetzung für schulischen Erfolg. Wenn du zurzeit noch nicht sonderlich beliebt bist unter den Lehrern, musst du jetzt vorsätzlich anfangen, an deinem Ruf zu arbeiten. Aber auch wenn du bisher noch keine nennenswerte Konflikte mit deinen Lehrern hattest oder aus sonst welchen Gründen in Ungnade bist, ist es sehr empfehlenswert, gezielt an der eigenen Reputation zu arbeiten.

Für mich war damals genau das die schwerste Herausforderung. Ich wusste schon vor Beginn des Semesters, dass ich den Schulstoff packen würde. Aber ich war mir noch nicht sicher, ob meine Lehrer mir wirklich die Chance geben würden, Einsen zu erreichen, oder ob sie mich bereits für alle Zeiten als schlechten Schüler abgestempelt hatten. Denn ich hatte mich im Lehrerkollegium nicht sonderlich beliebt gemacht. Ich flog einige Male im Unterricht raus, da ich diesen oft störte. Hinzu kam, dass ich nie sonderlich Wert auf die Schulordnung gelegt und die Regeln all die Jahre hindurch permanent gebrochen hatte. Dementsprechend sahen mich viele Lehrer natürlich als einen Krawallmacher an, aus dem wohl nie etwas werden würde. Jedenfalls nicht in akademischer Hinsicht.

Ich stand dann vor der Herausforderung, genau diese Pädagogen von mir zu überzeugen. Ich arbeitete von Anfang an gezielt daran und konnte dann direkt im ersten Semester einen Notendurchschnitt von 1.3 aufweisen. Hätte ich mich nicht bemüht, meinen Ruf aufzuwerten, wäre das wohl niemals möglich gewesen. Dabei verfolgte ich eine unheimlich effektive Strategie, die du auch unbedingt anwenden solltest.

Rede mit deinen Lehrern

Ohne deine Lehrer über deine guten Vorsätze zu informieren, wird es sehr schwer, sie von dir zu überzeugen. Deshalb solltest du unbedingt das Gespräch mit wirklich jedem einzelnen Lehrer suchen. Mache ihnen klar, dass du dich von nun an sehr anstrengen wirst und deine Noten erheblich verbessern willst. Sag deinem Lehrer ganz direkt, welche Punktzahl du dir vorgenommen hast zu erreichen. Dadurch hat der Lehrer nämlich ein Bild von dem, was du unter einer erheblichen Verbesserung verstehst. Wichtig ist aber, dass du deinen Lehrer erst nach der dritten oder vierten Unterrichtsstunde ansprichst. Wenn du nämlich schon Leistungen gezeigt hast, sehen sie, dass du nicht nur leere Worte von dir gibst, sondern es wirklich ernst meinst und dein Ziel auch realistisch ist. In den nächsten zwei Stunden nach der Unterredung mit deinem Lehrer solltest du noch einmal richtig Dampf machen und im Unterricht brillieren – das verfestigt den positiven Eindruck nach dem Gespräch.

Der Musterschüler

Mit Musterschüler meine ich nicht eine Petze oder einen Schleimer. Das ist keinesfalls das Gleiche. Um dich bei den Lehrern beliebt zu machen, musst du kein Interesse an ihrer Person heucheln oder irgendwelche Mitschüler verpfeifen. Dadurch wirst du keine Sympathiepunkte gewinnen, nicht bei den (meisten) Lehrern und schon gar nicht bei deinen Mitschülern. Trotzdem gibt es aber gewisse Erwartungen deiner Lehrer an dich, die du erfüllen musst.

Die wichtigste ist, dass du dich von nun an bedingungslos an die Schulordnung hältst und dir keine Ausrutscher mehr erlaubst, falls du bisher einer der Schüler warst, die es damit nicht so genau nehmen. Tadel und schriftliche Verwarnungen dürfen nicht mehr in deinem Briefkasten landen.

Außerdem ist den meisten Lehrern dein Umgang mit deinen Mitschülern sehr wichtig. Sei stets freundlich zu allen, auch zu denen, die du nicht ausstehen kannst. Wenn bisher Zickenkrieg bei dir angesagt war, dann kümmere dich nun um einen Friedensvertrag. Mit freundlich meine ich wirklich freundlich. Es nützt nichts, etwas Nettes zu sagen, wenn du das ironisch betonst. Gehe deinen Widersachern so gut es geht aus dem Wege, doch sei freundlich, wenn du mit ihnen reden musst.

NiCHT LÄSTERN!

Lästern ist eine der hässlichsten und trotzdem weitverbreitetsten Eigenschaften des Menschen. Machen wir uns nichts vor: Jeder von uns hat schon einmal schlecht über einen anderen Menschen geredet. Und viele von uns wahrscheinlich schon in diesem Monat, wenn nicht in dieser Woche.

Aber: Falls du bisher ab und an über deine Lehrer gelästert hast, dann höre sofort komplett damit auf! Mach auch nicht mit, wenn andere Schüler über Lehrer lästern. Selbst wenn du einer Meinung mit ihnen bist, widerstehe der Versuchung. Du musst damit rechnen, dass es am Ende auffliegen kann und es oft genug auch wirklich auffliegt. Ob es nur eine kleine Bemerkung war oder ob du gelacht hast, als das Hemd deines Lehrers riesige Schweißflecken unter den Achselhöhlen offenbart hat. Letztendlich findest du ja auch oft genug heraus, wer was über dich erzählt hat. Mach also keine Späße über deine Lehrer hinter deren Rücken und lästere nicht. Auch wenn andere Schüler das in deiner Anwesenheit machen und es nur allzu verführerisch ist, deine Wut über einen Lehrer herauszulassen. Unterlasse es! Es wird dir in keiner Weise helfen, aber kann dir wirklich die Note vollkommen versauen, falls dein Lehrer es mitbekommt.

Stell dir vor, du stehst im Schulflur und fängst an, vor deinem Kumpel über Lehrer Z zu lästern. Genau in diesem Moment kommt Herr Z um die Ecke gebogen. Du hast bei ihm für immer verspielt! Oder du kommst mit Freunden aus der Schule, läufst die Straße hinunter und beginnst zu lästern. Und ohne es zu wissen, läuft hinter euch irgendein Lehrer und hört das mit. Der wird sich seinen Teil denken. Vielleicht wird er es deinem Lehrer erzählen, vielleicht auch nicht, das ist Typsache. Garantiert wird dir dieser

Lehrer aber nicht mehr vertrauen, weil er ganz genau weißt, dass du das nächste Mal genauso gut auch über ihn lästern kannst.

Oder stell dir vor, andere Schüler lästern und sagen zum Beispiel, sie hätten von dir gehört, Lehrer A hätte total Mundgeruch. Und irgendein Lehrer bekommt das mit, und dann hat nicht nur die lästernde Gruppe es vermasselt, sondern auch du.

Sei nicht einmal in der Nähe einer Lästerei. Stell dir vor, du hast ein gutes Verhältnis zu Lehrer X und magst seinen Unterricht. Deine Banknachbarn starten kurz vor Unterrichtsbeginn ein Gespräch und fangen an, über Lehrer X zu lästern. Und jetzt stell dir vor, Lehrer X kommt rein, die Gespräche verstummen zwar, er hat aber trotzdem noch einen Schüler in deiner Ecke fragen hören: »Wann kommt denn die dicke Tomate?« Und du sitzt da, mitten in der Gruppe, und wirst plötzlich verdächtigt, zu den Lästerern dazuzugehören. Das kann zu unangenehmen Missverständnissen führen, die in massivem Vertrauensverlust des Lehrers enden. Das effektivste Mittel dagegen ist es, wenn du dich in diesem Unterricht einfach nicht neben solche Klassenkameraden setzt. Damit gehst du sicher, dass du nicht fälschlicherweise verdächtigt wirst, zu den Unruhestiftern und Lästerern zu gehören.

Mein Fazit also. Lästere nicht! Es ist extrem hässlich und aus rein rationaler Überlegung heraus extrem risikoreich.

Engagier dich

Soziales Engagement in der Schulgemeinschaft bringt dir super viele Bonuspunkte bei den Lehrern ein. Außerdem hilfst du dadurch wirklich und tust etwas Gutes für deine Mitmenschen. Was du genau machst, ist völlig egal. Hauptsache, du steuerst etwas in deiner Schule bei. Das ist bei den meisten Lehrern sehr hoch angesehen und hilft dir auch später bei deinen Bewerbungen für die Unis. Gerade die besten amerikanischen Eliteuniversitäten legen seit einigen Jahren sehr viel Wert auf »extracurricular activities«, also alles, was außerhalb des regulären Stundenplans stattfindet. Such dir etwas heraus, was dir Spaß machen könnte, und trau dir ruhig zu, etwas mehr zu tun. Du kannst dich ja erst mal im kleinen Rahmen engagieren und mit der Zeit mehr und mehr Verantwortung übernehmen.

Es gibt unheimlich viele Möglichkeiten, dich in der Schule sozial zu engagieren. Du kannst zum Beispiel ein politisches Amt übernehmen. Wenn das nicht das Richtige für dich ist, überleg dir, ob du nicht vielleicht bei AGs mitmachen oder nicht sogar deine eigene AG oder Schülerinitiative gründen möchtest. Du wirst viele Schüler und Lehrer kennenlernen und dich noch mehr mit der Schule verbunden fühlen, wenn du dich sozial engagierst. Als Folge dessen wird die Schule ein noch wichtigerer Bestandteil in deinem Leben, du wirst noch lieber zur Schule gehen und noch stärker bereit sein, Zeit in die Schule zu investieren.

Ich habe mich zum Beispiel in die Fachkonferenz Geografie eingetragen. Mir hat Geografie immer ultraviel Spaß gemacht, und ich dachte, dass die Fachkonferenz eine gute Gelegenheit darstellte, mein Interesse für das Fach mit sozialem Engagement zu kombinieren. Da mir das schnell zu wenig wurde, ließ ich mich zum Jahrgangssprecher wählen. In dieser Funktion konnte ich Wünsche meiner Jahrgangskameraden bei der Klassensprecherkonferenz einbringen und hatte die Gelegenheit, innerhalb der Schulgemeinschaft viele interessante Schüler und Lehrer kennenzulernen, mit denen ich sonst nie zu tun gehabt hätte. In meinem letzten Jahr traute ich mir noch mehr zu: ich wurde Schulsprecher. Und ich denke, ich konnte echt eine Menge für die Schüler erreichen. Zum Beispiel habe ich zusammen mit anderen Schülervertretern – vor allem mit der tatkräftigen Unterstützung von Jorin und meinem Cousin Leo – erreicht, dass ältere Schüler an unserer Schule Handys außerhalb des Unterrichts benutzen durften. Daneben gründete ich zusammen mit meinem Kameraden Konstantin den Debattier-Club unserer Schule, in dem wir uns hauptsächlich über aktuelle politische Themen austauschten.

Kleine Gesten

Es sind bekanntlich die kleinen Sachen, die das Leben verschönern. Schaffe durch kleine Gesten eine angenehme Lernatmosphäre im Klassenraum. Bei lockeren Lehrern kannst du zum Beispiel einmal einen Kuchen mitbringen, um den Unterricht ein wenig zu versüßen. Oder wische die Tafel ab, bevor der Lehrer ins Klassenzimmer kommt. Das hat rein gar nichts mit Schleimen zu tun. Du schaffst lediglich eine entspannte Atmosphäre, da der Lehrer sich nicht unnötig über eine dreckige Tafel aufregen muss und das dann noch an euch Schülern auslässt. Solche Dinge wirken sich nicht direkt auf deine Noten aus, sie sorgen aber dafür, dass du mehr Spaß am Unterricht hast, dich besser mit dem Lehrer verstehst und dadurch auch gewillt bist, mehr für das Fach zu tun. Und wenn du dadurch härter arbeitest, dann bekommst du auf lange Sicht auch bessere Noten.

Durch die kleinen Gesten allein wirst du bei keinem Lehrer eine 1 bekommen. Aber wer weiß? Wenn du vielleicht einmal auf der Kippe zwischen zwei Noten stehst, wird das Bauchgefühl deines Lehrers ihn möglicherweise eher dazu bewegen, dir eine bessere Note zu geben?

Suche den Kontakt zu anderen guten Schülern

Keiner zwingt dich, deinen Freundeskreis auszutauschen. Aber versuche doch auch mal, Kontakt zu anderen guten Schülern aufzubauen. Du profitierst unheimlich von solchen Freundschaften. Zwar seid ihr im Unterricht Konkurrenten, aber ansonsten könnt ihr euch wunderbar gegenseitig helfen. Wirst du zum Beispiel einmal krank, können dir gute Schüler wirklich detailliert mitteilen, was du verpasst hast. Außerdem ist es ungeschickt, sich die ganze Zeit mit den Unruhestiftern herumzutreiben. Das wirft einfach kein gutes Licht auf dich!

Ich war mir der Wunderwirkung von Freunden mit guten Noten sehr genau bewusst. Innerhalb der Schule, aber auch außerhalb hatte ich viele Freunde mit ähnlichen Zielen wie meine. Wenn du anfängst, mit deinen Freunden privat über Schule zu reden und dich mit ihnen über die Inhalte der einzelnen Fächer austauschst, wirst du automatisch besser. Du wirst fokussierter auf die Schule, du siehst, wie andere Spitzenschüler argumentieren und mit der Zeit färben viele ihrer positiven Angewohnheiten auf dich ab.

Du kannst natürlich auch erfolgreich in der Schule werden, ohne dich mit anderen guten Schülern zu umgeben. Aber du bist in jedem Fall erfolgreicher, wenn du es tust.

Gute Beziehungen mit deinen Mitschülern aufbauen

Mir hat es immer sehr geholfen, einen guten Draht zu meinen Mitschülern zu haben. Indem ich mit vielen meiner Mitschüler befreundet war, hatte ich es viel leichter, gut in der Schule zu sein. So erklärten mir meine Freunde zum Beispiel mal ein Detail, wenn ich irgendein Thema nicht verstanden hatte. Dadurch musste ich nicht erst zum Lehrer gehen und ihm zeigen, dass ich etwas nicht kapiert hatte. Oft haben mir Mitschüler auch vor den Klausuren noch wertvolle Tipps gegeben. Mir wurden Klausuren aus dem Vorjahr zugeschoben, Links zu hilfreichen Online-Seiten geschickt und vieles mehr. Außerdem war es durch meine Freunde auch einfach sehr angenehm, zur Schule zu gehen – wer mag schon jeden Tag an einen Ort gehen, wo man verhasst ist?

Arbeite also an deinen Beziehungen zu deinen Mitschülern. Du musst nicht unbedingt mit jedem eng befreundet sein. Du musst auch nicht der beliebteste Schüler sein. Das war ich definitiv nicht! Du solltest aber jedem deiner Mitschüler Respekt und Hilfsbereitschaft entgegenbringen. Auch wenn du einige Personen nicht ausstehen kannst, behandele sie nicht schlecht.

Deine Mitschüler werden relativ schnell mitbekommen, dass du besser in der Schule geworden bist. Vielleicht bist du ja auch jetzt schon einer der besten in der Klasse. Als Top-Schüler erwarten dich ständig Fragen wie: »Kann ich Hausaufgaben bei dir abschreiben?«, »Was war noch einmal die Hausaufgabe?«, »Kannst du mir deine Lernblätter für die Klausur schicken?« usw. Auch wenn du überhaupt keinen Nerv dafür hast, anderen zu helfen, solltest du es trotzdem tun. Auch wenn es dich extra Zeit kostet, noch einmal alle relevanten Unterrichtsmaterialien zu sammeln, damit deine Mitschüler sie kopieren können, tu es. Es lohnt sich auf lange Sicht wirklich. Wenn du deinen Mitschülern hilfst, dann werden sie auch dir helfen. Und selbst wenn du so gut bist, dass du eigentlich keine Hilfe benötigst, lohnt es sich trotzdem allein schon deshalb, weil du dadurch ein besseres Verhältnis zu den anderen aufbaust und eine angenehmere Zeit in der Schule verbringst.

Achte aber darauf, dass dich die anderen nicht ausnutzen. Wenn ich sage, du solltest den anderen helfen, dann bedeutet das nicht, dass ein Mitschüler nie wieder Hausaufgaben machen muss, weil er sie ja sowieso bei dir abschreiben kann. Wenn dich jemand beispielsweise schon zum zweiten oder dritten Mal innerhalb eines kurzen Zeitraums fragt, ob er abschreiben kann, dann lass ihn das ruhig machen; du darfst aber dann auch sagen, dass du das eigentlich nicht gern tust, und ihn höflich darum bitten, das nächste Mal seine Hausaufgaben selbst zu machen. Lass dich nicht dauerhaft ausnutzen von Faulpelzen, sei aber da, wenn jemand einmalig oder selten Hilfe braucht.

Der Streber-Ruf ist vermeidbar

Viele gute Schüler und vor allem viele Klassenbesten fürchten sich davor, von ihren Mitschülern als Streber abgestempelt zu werden. Ich kann dich beruhigen: Du kannst super Noten bekommen, ohne dass dich die anderen als uncool ansehen, dich meiden oder als Streber bezeichnen. Ich persönlich habe damit während meiner gesamten Oberstufenzeit nie ein Problem gehabt, da ich mir eine Strategie zusammengestellt habe. Hier sind die wichtigsten Punkte zusammengefasst:

Ehrlichkeit:

Früher oder später merken deine Mitschüler sowieso, dass du sehr darauf fokussiert bist, gute Noten zu bekommen. Es wird dir also nichts nützen, es vor den anderen zu verheimlichen. Im Gegenteil, Offenheit macht dich sympathischer. Keiner kann Mitschüler leiden, die kurz nach der Klausur behaupten, es verkackt zu haben, und dann am Ende eine 1+ haben.

Ich habe von Anfang an nie ein Hehl daraus gemacht, dass ich ein 1,0-Abitur anstrebe. Das wusste so gut wie jeder. Ich habe auch sehr gern darüber geredet. Da jeder Bescheid wusste, habe ich wiederum schneller Freundschaften mit den anderen guten Schülern geschlossen, die auch daran interessiert waren, dass die Abiturnote stimmt. Ehrlichkeit hat sich also voll ausgezahlt.

Erkläre deinen Mitschülern, warum du unbedingt Top-Noten haben möchtest. Sag ihnen zum Beispiel, dass es schon immer dein Traum war, Medizin zu studieren und Arzt zu werden. Wenn deine Mitschüler verstehen können, warum du so bist, wie du bist, dann respektieren sie dich viel mehr und akzeptieren, dass du auf einer wichtigen Mission bist. Sie werden dann eher nicht versuchen, dich davon abzuhalten.

Ich wollte ein 1,0-Abitur haben, um es mir und den anderen zu beweisen, dass ich es als Dreier-Schüler auch schaffen kann. Außerdem war ich noch unentschlossen, welches Fach ich an welcher Uni studieren wollte. Deshalb wollte ich, dass sich mir alle Türen öffnen, wenn ich mein Abitur in der Tasche habe, und ich dann bequem entscheiden kann, was ich machen will, und mich nicht damit abfinden muss, was ich machen kann.

Nicht überheblich werden

Wenn du erst einmal Einsen sammelst, kann es schneller passieren, als du glaubst, dass du dich für besser hältst als deine Mitschüler. Natürlich hast du die besseren Noten und die besseren Zukunftsaussichten; lass dieses Gefühl von Überlegenheit aber niemals Oberhand gewinnen und trage es schon gar nicht nach außen. Freue dich stattdessen zusammen mit anderen, wenn sie einmal gute Noten geschrieben haben.

Kooperation

Das Thema hatten wir schon: Hilf anderen, wenn sie dich bitten. Auch wenn es im Grunde genommen extrem unfair ist; stehe darüber und lass deine Mitschüler ab und an bei dir Hausaufgaben abschreiben, schicke ihnen bei Nachfrage per Whatsapp die Lösungen für die Mathe-Hausaufgaben zu etc. Denn damit zeigst du, dass dir deine Mitschüler wichtig sind und du kein Egozentriker bist; du sicherst dir definitiv Sympathien, vor allem auch bei denjenigen Schülern, die weniger durch ihre akademischen Leistungen auffallen und mehr durch ihre Unterrichtsstörungen und die die ersten wären, die dich als Streber bezeichnen würden. Du schließt also eine Art Nicht-Angriffspakt mit den anderen, basierend auf gegenseitigem Respekt.

Nicht schleimen

Schüler, die sich im Unterricht beim Lehrer einschleimen, sind extrem unbeliebt. Schleimen kann zwar, wenn man wirklich gut darin ist und es geschickt macht, tatsächlich helfen, bessere Noten zu bekommen, ist aber absolut nicht nötig. Das Risiko, dass der Lehrer es bemerkt und deine Mitschüler sich von dir abwenden, ist es einfach nicht wert. Ich persönlich habe nie geschleimt, es verabscheut und trotzdem ein 1,0-Abitur geschafft. Die ganzen Tipps und Tricks, die du hier lernst, reichen vollkommen aus, damit auch du deine 1,0 bekommen kannst. Du brauchst definitiv nicht zu schleimen!

Gute Freunde, schlechte Freunde

Du hast sicherlich schon oft gehört, dass es gute Freunde und schlechte Freunde gibt. Wahrscheinlich hast du auch ein gutes Gespür dafür, wer dein wahrer Freund ist und wer nicht. Ich möchte dir nicht reinreden, mit welchen Leuten du deine Zeit verbringen solltest. Mein Tipp ist nur: Stelle sicher, dass jeder deiner Freunde, mit denen du viel Zeit verbringst, dich in deinem Bestreben bestärkt, ein 1,0-Abitur zu machen. Das muss nicht zwangsläufig bedeuten, dass sie dasselbe Ziel haben, obwohl das sicherlich ein Vorteil wäre. Aber keiner deiner Freunde sollte dir Zweifel einreden, indem er dir etwa sagt, dass du es sowieso nicht schaffen wirst. Mein bester Freund Daniel hat das Gymnasium nach der zehnten Klasse abgebrochen, macht keine Ausbildung und trifft sich stattdessen leidenschaftlich gern mit Mädels. Trotzdem rät er mir weder, dasselbe zu tun, noch versucht er mir irgendwelche Zweifel einzureden. Andere Leute aus meinem Freundeskreis haben hingegen immer wieder offen bekundet, dass ich ein 1,0-Abitur nicht hinbekommen würde. Heute sind wir nicht mehr eng befreundet und sehen uns nur gelegentlich – das hat seine Gründe. Freunde, die nicht hinter einem stehen, sind eigentlich keine echten Freunde. Auch wenn sie deine Ziele nicht verstehen können, sollten sie zu dir stehen und akzeptieren, was dir wichtig ist.

Ich will nicht sagen, dass du Freundschaften aufgeben sollst, nur weil sie nicht an dich und deine Ziele glauben. Das ist deine private Entscheidung. Aber es lohnt sich, ein wenig darüber nachzudenken, mit wem man seine Zeit verbringt. Wenn alle um dich herum nur Party machen, kiffen, saufen, rauchen und andere Drogen einnehmen und von der Schule gar nichts halten, dann wirst du es sehr schwer haben, ein 1,0-Abitur zu erreichen und gleichzeitig in diesem Freundeskreis zu sein. Entscheide selbst.

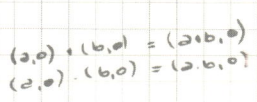

TEIL 3:
GESCHICKTES VERHALTEN
AUSSERHALB DER SCHULE

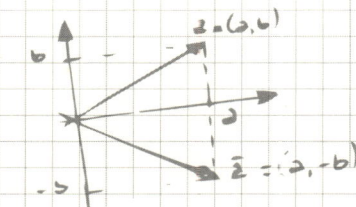

Eigne dir das richtige Organisationssystem an

In der Schule gut mitmachen reicht natürlich nicht. Ein Teil deiner Einserjagd findet natürlich auch zu Hause statt. Mit dem richtigen Organisationssystem und strukturiertem Lernplan ist es aber gar nicht schwer, hier die Grundlagen zu legen.

Sicherlich kennst du Leute, die immer wieder sagen, wie wichtig Ordnung sei. Und sie haben vollkommen recht! Nur wer ordentlich ist, kann ein 1,0-Abitur erreichen. Denn du musst ja Tausende Blätter, die du in der Oberstufe bekommen wirst, irgendwo abheften, und zwar so, dass du sie später wiederfinden kannst. In den Abiturklausuren werden Themen aus allen vier Semestern abgefragt. Das heißt, dass du nicht einfach nach jedem Halbjahr deine Hefter ausmisten und den ganzen Papierkram wegwerfen kannst. Jedes einzelne Blatt muss seinen Platz bekommen. Und wenn du dabei nicht vom ersten Tag an ein vernünftiges System verfolgst, wirst du am Ende alt aussehen.

Sehr viele Schüler scheitern beim Versuch, einen 1,0-Schnitt hinzubekommen, weil sie nicht richtig organisiert sind! Deshalb habe ich ein Pflichtprogramm für dich zusammengestellt, das ich selbst auch benutzt habe und das mir wirklich weiterhalf. In meiner ganzen Oberstufenlaufbahn hatte ich nie Probleme mit der Ordnung. Bei den Vorbereitungen für die Abiturklausuren konnte ich problemlos auf mein Lernmaterial zurückgreifen und jedes wichtige Blatt noch einmal studieren.

Hier sind die einzelnen Schritte, die du in Angriff nehmen musst, bevor die Oberstufe beginnt:

Platz schaffen

Für so viele Blätter und für deine Schulbücher wirst du eine Menge Platz benötigen. Am besten planst du zwei Reihen deines Bücherregals dafür ein. Wenn du keines hast, dann empfehle ich dir wärmstens, eins zu besorgen. In fast allen Möbelhäusern kann man die sehr preiswert bekommen. Du solltest sowieso viel Platz für Bücher in deinem Zimmer haben, denn als sehr guter Schüler solltest du viel lesen. Wie jeder weiß, gefährdet Lesen die Dummheit. Ich hab mir damals extra für die Oberstufe einen Bücherschrank gekauft und er war auf jeden Fall eine lohnende Investition. Hast du kein Bücherregal in deinem Zimmer stehen, dann treibe einen anderen Platz für deine Lernmaterialien auf Er sollte sich in der Nähe deines Schreibtischs befinden, sodass du jederzeit beim Arbeiten darauf zurückgreifen kannst.

Ordner besorgen

In jedem einzelnen Unterrichtsfach kommen über die zwei Jahre hinweg mehrere Hundert Blatt auf dich zu. Besorg dir darum unbedingt richtige Aktenordner für jedes einzelne Fach – auch wenn das erst mal Geld kostet. Mit einem schnellen Griff in den Schrank kannst du dir dann das gesamte Unterrichtsfach krallen und sofort nachblättern, was auch immer du gerade suchst. Gerade bei den Vorbereitungen für die Abiturklausuren ist das ein Segen. Außerdem lernst du für die Zukunft, wie man sich richtig organisiert. Wenn du später einmal bei einem Unternehmen einsteigst oder sogar selbst eines gründest, wirst du keine Probleme mehr haben, dich zu organisieren. Ich habe für jedes einzelne Fach einen Aktenordner angelegt und konnte mich immer super zurechtfinden. Die Ordner habe ich heute noch und werde sie für mein Studium benutzen. Hier werde ich natürlich mit genau demselben Organisationssystem fortfahren.

Markiere jeden Ordner mit dem Namen des jeweiligen Fachs, groß genug geschrieben, um es deutlich zu erkennen. Dann solltest du vier große Pappdeckblätter in den Ordner legen und jeweils mit »1. Semester«, »2. Semester«, »3. Semester« und »4. Semester« beschriften. So ist alles übersichtlich und du kannst alle Blätter, die für den laufenden Unterricht nicht mehr relevant sind, korrekt einheften. Mach dir ein Inhaltsverzeichnis für jedes Semester, in das du wirklich jedes Blatt einträgst, das in den Ordner kommt, damit du später mühelos alles wiederfindest. Wie das Inhaltsverzeichnis genau aussehen wird, bleibt dir überlassen. Thema, genauere Beschreibung und Seitenzahl im Ordner dürfen aber nicht fehlen. Der Einfachheit halber habe ich ein Foto eingefügt, das mein Inhaltsverzeichnis zeigt.

Seite	Thema	Was genau ?
1	Aufbau der Nervenzelle	
2	Aufbau Nervenzelle	
3	Aufbau Nervenzelle	
4	Membranpotential	Wie entsteht es? Wie misst man es? etc.
5	Membranpotential	Lösungen zum Blatt
6	Membranpotential	nach Herrn Tschirschke (Rückseite)
7	Zellorganellen	Prokaryotische Zellen/Eukaryoten + Aufgabe der Organellen
8	Zelltheorie	Grundlagen zur Zelltheorie
9	Zellorganellen	(Test)
10	Zellkörper	Abbildung mit Zellorganellen
11	Ruhepotential	Text
12	Natrium-K-Pumpe	erhält das Ruhepotential aktiv aufrecht
13	Aktionspotential	Text
14	Aktionspotential	Text
15	Aktionspotential	Begriffe: Dep. Rep. Hyper.
16	Fortleitung	Fortleitung des AP
17	Fortleitung	Elektrotonische Leitung (Refraktärzeit)
18	Fortleitung	Begriffe Reihenfolge
19	Geschwindigkeit	Fortleitungsgeschwindigkeit
20	Synapse	Bild
21	Synapse	Wirkungsweise
22	Synapse	Vorgänge grob beschrieben
23	Synapse	hemmende + erregende Synapse Text
24	Gehirn	Handout: Methoden Messung Gehirnaktivitäten
25	Lerntheorien	Handout: Lerntheorien
26	Lernformen	oberflächlich die 5 Lernformen
27	Gedächtnis	Modell der Informationsaufnahme
28	Lernen	Klassische Konditionierung
29	Lernen	Operante Konditionierung + Prägung
30	Lernen	Nachahmung
31	Lernen	Gewöhnung (Rückseite)
32	Lernen	Auswirkung auf Synapse
33	Gedächtnis	kreativer Text
34	Lernen	Wiederholungseffekt
35	Lernen	Wo sind die einzelnen Gedächtnisse im Gehirn

Egal, wie du die Sache im Detail löst, irgendein Archivierungssystem musst du benutzen, sonst wirst du spätestens bei den Abiturklausuren auf die Nase fallen. Investiere das Geld und die Arbeit – es ist die Sache wert.

Arbeitsplatz gestalten

Im nächsten Schritt solltest du deinen Arbeitsplatz gestalten. Vermutlich wird es der Schreibtisch in deinem Zimmer sein. Stelle sicher, dass du hier wirklich die Ruhe finden kannst, die du beim Lernen und bei den Hausaufgaben unbedingt benötigst. Achte darauf, dass keine Ablenkungen eintreten können. Dein Arbeitsplatz sollte außerdem möglichst geräumig sein. Oft genug wirst du für Hausarbeiten drei Blätter nebeneinander legen müssen. Und du wirst einen Computer oder einen Laptop benötigen, da du sehr oft im Internet recherchieren wirst. Es empfiehlt sich auch, eine Schreibtischlampe anzuschaffen, damit du dir nicht dein Augenlicht ruinierst. Der entsprechende Platz dafür muss vorhanden sein.

Vollständige Schulmappe

Stell dir auch eine ordentliche Schulmappe zusammen, selbst wenn das jetzt sehr nach Schulstart und erster Klasse klingt. Prinzipiell ist es völlig egal, was für eine du nimmst, solange nicht etwas wie »Sex, Drugs and Dubstep« daraufsteht. Aber sie muss groß genug für deine Schnellhefter, Bücher, Blöcke, Terminkalender und Federtasche sein. In der Tasche müssen sein:

- **Schnellhefter:** Für jedes einzelne Fach brauchst du einen Schnellhefter, den du in die Schule mitnimmst. Natürlich musst du immer nur die Hefter mitzunehmen, die du an diesem Tag auch wirklich brauchst. Zusätzlich benötigst du einen speziellen Hefter für alle Schulinformationen, wie etwa Elternabendzettel, Einladungen zum Tag der offenen Tür, Veranstaltungen und so weiter. In die Schnellhefter kommen erst einmal alle Blätter, die du bekommst. Wenn du sie im laufenden Unterricht nicht mehr benötigst, weil ihr ein anderes Thema angefangen habt, legst du die Blätter in deinem Aktenordner ab. Natürlich platzierst du sie im richtigen Semester und trägst sie korrekt ins Inhaltsverzeichnis ein.

- **Schulbücher:** Hab immer alle Schulbücher dabei, die du für den Tag benötigst. Mach dir am besten eine Liste, welches Buch du wann mitnehmen musst.

- **Blöcke:** Du musst immer genügend Schreibpapier dabei haben. Nimm jeden Tag einen karierten und einen linierten Block mit in die Schule, damit du für Schreiberei und Rechnerei bestens gewappnet bist. Hab am besten einen Vorrat Schreibpapier zu Hause, so musst du nicht dauernd in den Schreibpapierladen rennen. Meiner Erfahrung nach wird man um die fünf linierte Blöcke und zwei karierte Blöcke in einem Semester los.

- **Terminkalender/Hausaufgabenheft:** Viele Schüler fragen, ob man lieber ein Hausaufgabenheft oder einen Terminkalender führen sollte. Beides geht. Ich habe ein Hausaufgabenheft benutzt, ein Terminkalender ist jedoch auch völlig okay. Wichtig ist nur, dass du dir tatsächlich alles Wichtige in der Schule notierst und zu Hause abarbeitest. Schreibe wirklich jede Klausur, Hausaufgabe, Zusatzaufgabe und alle Tests hinein. Wenn der Lehrer etwa bestimmte Bemerkungen zu einem Test macht, dann notiere diese auch. Der Kalender wird zu einem sehr wichtigen Instrument für dich werden, falls er es nicht schon ist. Schlage möglichst gleich, wenn du nach Hause kommst, deinen Terminkalender oder dein Hausaufgabenheft auf und arbeite die einzelnen Aufgaben ab.

- **Federtasche:** Zu einer vollständigen Federtasche gehören mindestens zwei Kugelschreiber oder alternativ ein Füller mit mehreren Patronen. Außerdem brauchst du zwei Bleistifte, fünf Buntstifte in verschiedenen Farben, ein Geodreieck, Tippex, einen Radiergummi, einen Anspitzer, einen Klebestift und eine Schere, und für Mathe natürlich einen Taschenrechner.

Ansonsten haben Lehrer manchmal auch noch Extrawünsche. In Kunst kann es zum Beispiel vorkommen, dass der Lehrer von dir eine große Arbeitsmappe verlangt, in der du deine Zeichnungen aufbewahrst. Oder du brauchst einen Tuschkasten und Pinsel. Meist sagen das die Pädagogen in der ersten Unterrichtsstunde an. Hör also aufmerksam zu und habe die gewünschten Utensilien in der nächsten Stunde mit dabei.

Parallel zum Hausaufgabenheft habe ich auch immer noch ein kleines Notizheft geführt, in dem ich meine täglichen Aufgaben in Form einer To-Do-Liste notierte. Im Hausaufgabenheft stand zum Beispiel, dass ich am Freitag ein Referat über die Gebrüder Grimm halten sollte. In meinem Notizbuch legte ich fest, dass die Erstellung des Referats über die Gebrüder Grimm meine Aufgabe für Mittwochnachmittag war.

Hier ein Beispiel für meine Organisationsstruktur:
Es ist Montagmorgen. Wir haben Englischunterricht und bekommen die Aufgabe, bis zur nächsten Stunde am Donnerstag eine Diskussion zum Thema »Genmanipulierter Mais« zu schreiben und dabei auf den Artikel einzugehen, den wir soeben über genmanipuliertes Essen gelesen haben. Dabei sollen wir uns unbedingt an die Textstruktur halten, die unsere Lehrerin vor drei Wochen mit uns durchgegangen ist. Ich hefte also zunächst einmal den Artikel in meinem Schnellhefter ab. Dann notiere ich mir möglichst genau die Aufgabenstellung in meinem Hausaufgabenheft. Ich schreibe nicht so etwas wie »Diskussion Genmanipulierter Mais«, sondern notiere mir die exakte Aufgabenstellung: »Diskussion Genmanipulierter Mais mit Bezug auf Artikel A unter der Verwendung von Struktur vor drei Wochen«.

Zu Hause angekommen, hole ich meinen Hefter und mein Hausaufgabenheft heraus und versuche einzuschätzen, wie lange die Aufgabe dauern wird. Ergebnis: ca. 1. Stunde. Ich schreibe mir die Aufgabe auf die To-Do-Liste in meinem Notizbuch für den nächsten Tag. Am nächsten Tag, Dienstag, erledige ich die Aufgabe ohne Probleme. Da ich alles sauber abgeheftet habe, kann ich mir die Struktur anschauen, in welcher der Text geschrieben sein soll, und auch den Artikel benutzen. Ich werde Dienstagnachmittag fertig, erledige noch die anderen Aufgaben auf meiner To-Do-Liste und kann mit gutem Gewissen faulenzen. Am Donnerstag lesen wir unsere Texte vor der Klasse vor, und ich kriege ein Lob, weil ich der Einzige war, der sich sowohl äußerst genau an die vorgegebene Textstruktur gehalten hat als auch auf den gelesenen Artikel eingegangen ist.

Von zu Hause aus die 1+ mündlich klarmachen

Der chinesische General Sun Tzu hat einmal gesagt, dass jede Schlacht bereits entschieden ist, bevor sie angefangen hat. Auch wenn die Schule keineswegs mit Krieg vergleichbar ist, kann man den Spruch auch auf die Schule anwenden. Er würde ungefähr so lauten: Wer eine 1+ bekommen wird und wer nicht, ist schon vor dem Unterricht entschieden. Durch geschickte Vorbereitung kannst du nämlich schon zu Hause deine 1+ in der nächsten Stunde sichern. Ich möchte dir drei effektive Techniken vorstellen, mit denen du genau das erreichen kannst.

Vorlernen

Vorlernen ist wahrscheinlich die effektivste Methode, um in der nächsten Stunde zu brillieren. Wenn du vorlernen möchtest, dann solltest du genau wissen, was im nächsten Unterricht thematisiert wird. Das machst du am besten, indem du am Ende der Stunde den Lehrer fragst. Nur in den Lehrplan gucken reicht nicht, denn einige Lehrer haben die Angewohnheit, scheinbar willkürlich Themen dranzunehmen, die man nicht erraten kann. Pass aber auf, dass du den Lehrer nicht zu häufig fragst, damit er sich nicht von dir genervt fühlt oder aber der Glanz deiner Mitarbeit beeinträchtigt wird, da der Lehrer ja weiß, dass du einfach nur vorgelernt hast.

Wie genau du dann vorlernst, bestimmt, wie sehr du in der nächsten Stunde brillieren wirst. Wenn du oberflächlich vorlernst und die Basics verstehst, dann wirst du bei den grundlegenden Fragen sehr gut mitmachen können. Auch wirst du die Vertiefungen besser verstehen, weil du nicht erst wie die anderen Schüler das geistige Grundgerüst bauen musst. Es lohnt sich also in jedem Fall. Wenn du sehr detailreich vorlernst, dann hast du die Chance, enorm gut mitzumachen, weil du ja alles schon kannst. Der Unterricht ist dann nur eine Art Wiederholung des Stoffes.

Achte aber darauf, dass du das Wissen geschickt im Unterricht einbringst, damit der Wow-Effekt beim Lehrer möglichst groß ist und er keinen Verdacht schöpft, dass du einfach nur vorgelernt hast. Wenn der Geschichtslehrer also fragt, was ihr schon über die Punischen Kriege wisst, dann ratterst du nicht irgendwelche Zahlen runter, von wegen die Karthager hätten die Römer 264 v. Chr. das erste Mal angegriffen, sondern du erklärst, worum es in diesem Krieg ging. Zeig dem Lehrer, dass du schon von dem Thema gehört und es verstanden hast.

Extrainfos beschaffen

Ein weiterer Weg, deine mündliche Note für die nächste Stunde zu sichern, ist, irgendwelche Extrainfos zu sammeln, die zwar nicht direkt Thema im Unterricht sind, die du aber wunderbar ergänzend einbringen kannst. Das wirkt unheimlich belesen und souverän.

Wenn ihr also im Englischunterricht gerade beim Thema Racial Inequality seid, dann könntest du im Internet anhand von Schlagwörtern wie »racial tension«, »inequality« usw. ein paar Zeitungsartikel in der *New York Times* oder vergleichbaren amerikanischen Blättern heraussuchen und ein paar Infos zu aktuellen Geschehnissen sammeln. Du könntest natürlich auch ein Buch zu dem Thema lesen. Mir hat zum Thema Globalization zum Beispiel das gleichnamige Buch von Joseph Stiglitz sehr weitergeholfen. Daraus habe ich viele Informationen ziehen können, die ich wunderbar im Unterricht anwenden konnte. In vielen Fällen reicht es natürlich auch aus, bei Wikipedia die Artikel zu lesen und die wichtigsten Dinge oder die interessantesten Zahlen rauszuschreiben.

Top-Vokabeln

Vor allem in sprachlichen Fächern kannst du sehr gut punkten, indem du dir zu Hause eine Liste mit Vokabeln erstellst, die für den Unterricht relevant sein könnten. Ich habe für den Englischunterricht manchmal Vokabeln vorgelernt, die ich dann wunderbar in den nächsten Stunden benutzen konnte. Meist habe ich mir gerade einmal fünf bis zehn besonders gut klingende Wörter aufgeschrieben; gefunden habe ich sie, indem ich das aktuelle Unterrichtsthema in Verbindung mit dem Wort »Vocabulary« bei Google eingetippt habe. Anschließend bin ich dann einfach die Vokabellisten durchgegangen und habe mir ein paar gut klingende Wörter rausgepickt, wie »ameliorating«, »to aggravate«, »ingrained« etc.

Ich empfehle, nicht mehr als zehn Wörter vorzulernen, da du ja nur eine begrenzte Anzahl in der nächsten Unterrichtsstunde einbringen kannst. Nimm das Vokabelblatt in die nächste Unterrichtsstunde mit und benutze diese Vokabeln auch. Indem du sie im Unterricht erfolgreich anwendest, prägen sich dir die Wörter übrigens auch viel schneller ein. Dadurch kannst du sie dann auch hervorragend in der Klausur verwenden und musst vorher keine Vokabeln mehr pauken.

ICH KOMME NICHT MEHR MIT

Ich gebe es offen zu: Auch als ich schon einen 1,0-Schnitt hatte, kam es nicht selten vor, dass ich mal ein Thema überhaupt nicht verstanden habe. Vor allem Biologie und Physik haben mir immer wieder mal Kopfschmerzen bereitet. Als wir in Biologie Genetik behandelten oder uns in Physik mit dem Verhalten von Atomen beschäftigten, gab es nicht wenige Stunden, in denen ich überhaupt nichts verstand.

Es ist völlig normal, dass man mal nicht mehr mitkommt. Das passiert, soweit ich das einschätzen kann, jedem. Auch den besten Schülern.

Der riesige Unterschied zwischen den 1,0- und den 3,0-Schülern liegt also nicht darin, dass die einen alles verstehen und die anderen zu dumm dazu sind. Nein, der große Unterschied liegt darin, wie sie mit dem Problem umgehen. Der 2,0- oder 3,0-Schüler denkt sich so etwas wie:»Mist, ich verstehe dieses blöde Thema einfach nicht. Scheiß Mathe! Das sollte man mal abschaffen.« Der 1,0-Schüler hingegen denkt sich so etwas wie:»Verdammt! Ich komme nicht mehr mit! Was, wenn ich kein 1,0-Abi mehr schaffe wegen Mathe? Das darf nicht passieren! Ich setze mich gleich heute Nachmittag so lange an den Schreibtisch, bis ich alles verstanden habe!«

Der 1,0-Schüler ist gewillt, alles in seiner Macht Stehende zu tun, um den drohenden Weltuntergang zu verhindern. Das ist der Unterschied! Er ist bereit, das Problem zu lösen. Der 3,0-Schüler wird gar nichts machen, sich nur über das Fach aufregen, vielleicht anfangen, die unangenehmen Mathematik-Stunden zu schwänzen, während der 1,0-Schüler sich noch am selben Nachmittag an den Schreibtisch setzen und sich so lange Youtube-Tutorials, Erklärungen im Buch oder seine eigenen Notizen anschauen wird, bis er das Thema kapiert hat.

Wenn du also nicht mehr mitkommst, dann kannst du ruhig in panische Angst verfallen. Ich halte das für eine gute Idee. Sei paranoid. Habe Angst, dass du eine schlechte Note bekommst. Verdränge es nicht. Denn dann hast du auch das Bedürfnis, an deinem schlechten Verständnis zu arbeiten. Setz dich auf den Hosenboden! Jetzt, und genauso nächste Woche oder nächsten Monat, wenn du mal wieder nicht durchsteigst. Wenn es sein muss, nimm Nachhilfe. Aber leg nicht die Hände in den Schoß!

Hausaufgaben sind Geschenke

Als 1,0-Abiturient solltest du dankbar sein, dass es sie gibt. Würde sie dir dein Lehrer nicht aufgeben, müsstest du dir selbst Hausaufgaben geben. Denn sie sind im Wesentlichen nichts anderes als Wiederholungen des Unterrichtsstoffs. Und damit du etwas sehr gut kannst, musst du es vollkommen verinnerlicht haben.

Wer regelmäßig die Hausaufgaben macht, hat es später beim Lernen für die Klausur viel einfacher. Denn durch das routinierte Üben steht er nicht vor einer völlig neuen Herausforderung. Vielleicht kennst du das Gefühl, wenn du dich einen Tag vor der Klausur an den Schreibtisch setzt, deine Schulsachen rauskramst und dich dabei fragst, über welches Thema du überhaupt schreiben wirst. Wenn du regelmäßig Hausaufgaben machst, passiert dir so was erst gar nicht. Du musst eigentlich nur noch einmal den Stoff wiederholen, den du dir durch regelmäßiges Hausaufgabenmachen schon angeeignet hast. Hinzu kommt es, dass man oftmals in der nächsten Stunde wahnsinnig punkten kann, wenn man die Hausaufgaben erledigt hat. Allein dadurch kannst du dir in einigen Stunden deine 15 Punkte für die mündliche Mitarbeit sichern.

Oberste Priorität

Einen dementsprechend hohen Stellenwert müssen die Hausarbeiten in deinem Kopf haben. Wenn du nach Hause kommst, musst du dich an den Schreibtisch setzen und alles Wichtige abarbeiten. Auch bei der Planung des Wochenendes haben deine Hausaufgaben Vorrang. Erst wenn du sie erledigt hast, kannst du Spaß haben. Nimm deine Hausarbeiten wirklich ernst. Sie sind der zeitintensivste und wichtigste Job, den du außerhalb der Schule zu leisten hast. Sorge dafür, dass dem Meeting zwischen dir und deinem Lernstoff nichts im Wege steht. Das Schlimmste, was du machen kannst, ist, gleich nachdem du zu Hause angekommen bist, den Computer hochzufahren, um Facebook und Youtube zu öffnen oder andere Spaßseiten. Es sei denn, du benötigst sie fürs Recherchieren im Rahmen deiner Hausaufgaben. Aber zum Zweck der Recherche wirst du Facebook eher nicht brauchen ...

Gewöhne dich daran, dass du gleich, nachdem du zu Hause angelangt bist, anfängst zu arbeiten. Am besten teilst du das auch deinen Eltern, Geschwistern und Freunden mit, damit sie dich dabei unterstützen oder es zumindest respektieren. Du wirst sehen, was es für ein großartiges Gefühl ist, wenn du um 17:00 Uhr mit allem Wichtigen fertig bist und sorgenfrei der Freizeit entgegensteuern kannst.

Gezielt vorgehen

Auch beim Erledigen der Hausarbeiten kannst du geschickt vorgehen, eine Menge Zeit einsparen und trotzdem super Ergebnisse erzielen. Wer am längsten am Schreibtisch sitzt, ist nicht unbedingt der erfolgreichste Schüler. Ich weiß, dass viele meiner Mitschüler deutlich länger für ihre Hausaufgaben gebraucht haben als ich, ohne dass ihre Ergebnisse besser waren als meine.

Das lag ganz einfach daran, dass ich effektiver arbeitete. Denn ich wusste im Gegensatz zu meinen Mitschülern genau, was ich zu tun hatte. Und was noch wichtiger war: Ich habe ein gutes Gefühl dafür entwickelt, wie ausführlich ich die Hausaufgaben zu machen hatte. Diesen Vorteil gegenüber den anderen konnte ich mir erarbeiten, indem ich die Lehrer genau analysierte.

Ich wusste zum Beispiel, dass meine Mathelehrerin sehr viel von Hausaufgaben hielt; sie gab uns auch immer viel auf, und wir besprachen die Aufgaben meist in der nächsten Stunde ausführlich. Also habe ich sie auch immer sehr ausführlich gemacht, mich nach jeder einzelnen Mathestunde zu Hause oder bei der Nachhilfeschule hingesetzt und stundenlang Matheaufgaben durchgerechnet. Die Mühe machte mir nicht viel aus. Schließlich wusste ich ja, dass ich gleich in der nächsten Stunde dafür belohnt werden würde. Und so kam es dann auch immer. Da kein anderer Schüler so weit in die Materie eindrang wie ich, glänzte ich natürlich jede Stunde mit meinen Beiträgen. Bei den allerschwierigsten Teilen der Hausaufgabe war ich anscheinend der Einzige, der in der Lage war, sie zu lösen. Jedenfalls war nur mein Finger im Unterricht oben, wenn meine Lehrerin danach fragte, und dementsprechend bekam ich auch nie eine schlechtere Note als 1. Mathe-Hausaufgaben hatten bei mir immer Priorität und mussten ausführlich erledigt werden. Letztendlich war ich genau deshalb auch immer hervorragend für die Klausuren vorbereitet. Eigentlich brauchte ich überhaupt nicht mehr für Tests und Arbeiten zu lernen, da ich durch die Menge an Hausarbeiten schon bestens vorbereitet war. Genau das war auch die Absicht meiner Lehrerin. Nicht um uns unnötig zu quälen, gab sie uns so viel auf, sondern damit wir gut auf die Klausuren vorbereitet waren und nicht mehr allzu viel auf den letzten Drücker lernen mussten.

Wahrscheinlich ist das die Intention aller Lehrer, die jede Stunde aufs Neue Tonnen an Hausaufgaben verteilen. Bei diesen Pädagogen führt wirklich kein Weg daran vorbei, sehr lange an den Hausaufgaben zu sitzen. Das ist aber halb so wild, denn schließlich wird der fleißige Schüler von diesen Lehrern auch wirklich belohnt. Wichtig ist, dass man die Hausaufgaben bei diesen Lehrern sehr ausführlich macht. Damit meine ich, wirklich bis ins kleinste Detail vorzustoßen. Du musst das Fach vollkommen verstehen. Der gute Wille allein bringt nichts. Sorge dafür, dass du auch die schweren Aufgaben eigenständig lösen kannst. In der Klausur wird dir schließlich auch niemand helfen. Wenn du Probleme dabei haben solltest, anspruchsvolle Hausaufgaben zu bearbeiten, dann lass dir ruhig von einem professionellen Nachhilfelehrer helfen, damit du letztlich in der Lage bist, die Aufgaben selbstständig zu lösen.

Neben dem Typ Lehrer, der eine Vorliebe für Hausaufgaben zu haben scheint, gibt es glücklicherweise auch noch andere Sorten von Lehrern. Um ein Gespür dafür zu bekommen, wie viel Zeit du bei einem Lehrer für die Hausarbeiten investieren musst, solltest du ganz bewusst darauf achten, wie oft ihr darüber im Unterricht sprecht. Wenn der Lehrer die Hausaufgaben nicht thematisiert und auch nur selten nachschaut, ob die Schüler sie gemacht haben, dann kannst du selbstverständlich etwas kürzer treten.

Trotzdem solltest du sie machen. Zum einen, weil du das alles für die Klausur ja sowieso irgendwann lernen musst und es viel einfacher ist, kontinuierlich zu lernen anstatt alles einen Tag vor der Klausur; zum anderen, weil du, wenn der Lehrer doch einmal eine stichpunktartige Kontrolle durchführt und du nichts getan hast, einen schlechten Eindruck machst. Erledige also immer alle Hausaufgaben, selbst wenn der Lehrer sie nicht kontrolliert. Generell kannst du es dir in Fächern mit entspannten Lehrern aber ruhig etwas gemütlicher machen, vor allem wenn deine mündliche Mitarbeitsnote schon 14 oder 15 Punkte beträgt. Du kannst die Hausaufgaben aber auch ganz gezielt als Instrument verwenden, deine mündliche Note noch einmal zu steigern. Solltest du auf der Kippe zwischen zwei Noten stehen, musst du natürlich wieder etwas zulegen bei den Hausarbeiten.

Passe dich deinem Lehrer an

Mach dir bei den Hausaufgaben immer klar, was dein Lehrer von dir hören möchte. Wenn du in Englisch einen Text über das Internet schreiben musst, ist es sicherlich wichtig, viele gut klingende englische Redewendungen in deinen Satzbau zu integrieren. Weniger wichtig ist hier detailliertes Fachwissen, wie etwa über die Entstehung von Internetprotokollen und Domain Name Systems zu berichten. Umgekehrt wird sich dein Informatiklehrer wenig an schön klingenden Sätzen erfreuen und viel mehr Wert auf dein Fachwissen legen.

Auch hier gilt es, immer die individuellen Vorlieben deines Lehrers ausfindig zu machen. Wenn dein Geschichtslehrer die kulturellen Merkmale einer Epoche interessanter findet als die Zahl der Todesopfer in Kriegen, dann solltest du dich auch danach richten. Bekommst du beispielsweise bei diesem Lehrer die Hausaufgabe, die wesentlichen Veränderungen im Barock aufzuzeigen, dann recherchierst du natürlich ganz besonders viel über die gesellschaftlichen Veränderungen. In der nächsten Stunde erwähnst du dann die ganzen mitteleuropäischen Kriege und erzählst anschließend davon, wie sie das gesellschaftliche Leben prägten. Ausführlich würdest du in diesem Fall über die zentralen Motive Vanitas, Carpe Diem und Memento mori sprechen. Denn das interessiert deinen Lehrer am meisten.

Ein klassisches Beispiel, wo du deinen Mitschülern durch die geschickte Anfertigung der Hausaufgaben sehr weit voraus sein kannst, ist das Fach Deutsch. Fast alle Schüler ignorieren in diesem Fach komplett, was der Lehrer gern durch eine Hausaufgabe herausgearbeitet gesehen hätte. Angenommen, der Lehrer kündigt an, dass ihr euch bis zur nächsten Stunde mit der Person Johann Wolfgang von Goethe beschäftigen sollt. 90 Prozent der Schüler werden in der nächsten Stunde antanzen und eine schöne Biografie vom wohl berühmtesten deutschen Dichter und Schriftsteller liefern und vielleicht einiger seiner Werke benennen können. Dabei ist das doch nur bedingt von Interesse. Versuch dich in die Lage eines Deutschlehrers zu versetzen. Statt irgendwelchen langweiligen Kram über den Beruf von Goethes Vater möchte dein Lehrer doch viel lieber etwas über sein literarisches Werk hören. Er will wissen, mit welchen Gegenständen sich Goethe in seinen Werken auseinandersetzte, warum er dies tat und in welcher Art und Weise. Welche Einflüsse gab es? Und die Rezeption des Autors darf natürlich nicht fehlen. Wie wurden seine Werke in der Öffentlichkeit aufgenommen? Was wurde an ihm kritisiert und was faszinierte die Menschen an seinen Werken? DAS möchte dein Deutschlehrer von dir hören. Es interessiert ihn herzlich wenig, was Goethe alles Tolles auf seiner Reise durch Italien erlebt hat – eine Liste der besuchten Städte ist total irrelevant. Wenn du der einzige Schüler in deiner Klasse bist, der sich ernsthaft mit solchen Aspekten auseinandersetzt, hast du einen riesigen Vorteil gegenüber deinen Mitschülern. Die anderen können ruhig zwei Stunden lang eine schöne Biografie des Autors vorbereiten. In nur einer einzigen Stunde kannst du aber wirklich Wichtiges in Erfahrung bringen und dir eine erheblich bessere Note als die anderen sichern.

Frag dich also immer, worauf dein Lehrer hinauswill. Das erleichtert dir die Hausaufgaben immens, da du genau weißt, was du zu tun hast, und du dir dadurch eine Menge Zeit ersparen kannst.

Referate in 1,5 Stunden vorbereiten

Referate sind Bestandteil von so gut wie jedem Fach und haben einen nicht zu unterschätzenden Einfluss auf deine Note. Das Gute ist, dass viele Lehrer Referate sehr großzügig bewerten. Sie sind daher eine sehr gute Möglichkeit, deine mündliche Note zu verbessern.

Das Nervige an Referaten ist für die meisten Schüler der hohe Zeitaufwand bei der Vorbereitung. Manche quälen sich einen ganzen Sonntag oder ein ganzes Wochenende, nur um ein Referat vorzubereiten. Mit meiner Methode brauchte ich nicht mehr als 1,5 Stunden; ich erinnere mich an keines, das schlechter als mit einer 1 bewertet wurde. Anfangs wirst du dich an die Methode gewöhnen müssen und vielleicht etwas länger brauchen. Nachdem du aber die ersten Referate so vorbereitet hast, wirst du sehr schnell auch nicht mehr länger an einem Referat sitzen.

Und so funktioniert meine Methode:

1. Themenfindung
2. Gliederung erstellen
3. Turborecherche
4. Notizen filtern
5. Unterstützende Medien verwenden
6. Einüben

1. Schritt: Themenfindung

Ich empfehle dir, eine feste Deadline zu setzen, bis wann du das Thema gefunden haben sollst. So erliegst du nicht der Versuchung, die Aufgabe immer weiter hinauszuschieben. Ich habe mir meist den gleichen Tag als Deadline gesetzt. Das heißt, bevor ich schlafen gegangen bin, wusste ich bereits, über welches Thema und unter welcher Leitfrage ich das Referat halten würde. Entscheide dich fix und schnell, und wenn du dich einmal entschieden hast, verbiete dir jedes Nachgrübeln, ob es nicht noch ein besseres Thema gibt. Bei einem Schulreferat ist definitiv immer eine 1+ zu schaffen, da musst du nicht das ultimative Thema gewählt haben. Wenn du unsicher bist, dann frag den Lehrer oder deine Eltern. Prinzipiell empfehle ich aber, dass du dir das Thema selbst aussuchst.

Nützlich ist bei der Themenwahl, das Thema möglichst eng zu stecken. Wenn dein Thema sehr allgemein ist, stehst du beim Recherchieren vor einem riesigen Wust an Informationen und hast Probleme, einzugrenzen, was wichtig ist. Je konkreter und detaillierter die Fragestellung ist, desto besser; du kannst sie dann viel strukturierter angehen. »Die Globalisierung« ist ein schlechtes Thema – »Der Einfluss der Globalisierung auf regionale Betriebe« ist schon viel besser.

Es lohnt sich natürlich zu berücksichtigen, was den Lehrer besonders interessiert. Wenn deine Biologielehrerin beispielsweise Evolution besonders spannend findet, dann sind Referate mit evolutionsbiologischen Schwerpunkten sicherlich nicht nachteilhaft. Aber Vorsicht: Auf ihrem Lieblingsgebiet kennen sich Lehrer auch besonders gut aus. Du musst dann also ganz besonders darauf achten, dass in deinem Referat alles korrekt ist und auch die Inhalte des Referats dem Thema entsprechen. Und du musst auf spezielle Rückfragen des Lehrers gefasst sein – er wird sofort merken, wenn du nur an der Oberfläche des Themas kratzt.

2. Schritt: Gliederung erstellen

Das ist extrem wichtig! Bevor du recherchierst, erstelle immer erst einmal eine Gliederung.

Quatsch, wirst du sagen, wie soll ich denn eine Gliederung machen, bevor ich das Thema recherchiert habe?

Doch, das geht, und der Grund dafür ist folgender: Jede Recherche ohne vorher erstellte Gliederung ist nutzlos, da du unendlich viel zu dem Thema lesen kannst, vieles aber vielleicht völlig überflüssig ist, da du noch nicht weißt, ob und wo die Informationen in dein Referat integriert werden könnten. Hast du hingegen eine klare Gliederung, dann kannst du viel gezielter und damit viel schneller die notwendigen Informationen für dein Referat zusammentragen. Die Gliederung kann man immer erstellen, bevor man recherchiert. Also nicht stundenlang sinnlos im Internet auf passenden Seiten herumscrollen, sondern fünf Minuten an den Schreibtisch setzen und die Gliederung erstellen. Wie man das macht, zeige ich weiter unten an einem Beispiel.

3. Schritt: Turborecherche

Nun hast du bereits das Thema, die Fragestellung und die Gliederung erarbeitet. Als Nächstes geht es darum, den Vortrag mit Inhalten zu füllen. Dafür musst du sehr gezielt recherchieren. Tippe die einzelnen Gliederungspunkte ganz einfach bei Google ein und du solltest fündig werden, ob bei Wikipedia oder auf irgendeiner anderen Seite. Solange es sich um eine nicht politisch gefärbte Quelle handelt, geht jede Seite. Wenn der Lehrer eine Abneigung gegenüber Wikipedia hat, dann benutze es trotzdem und schreibe als Quelle irgendwelche anderen Seiten auf. Das kontrolliert sowieso kein Lehrer genau. Für Schulzwecke ist Wikipedia völlig ausreichend. Wichtig ist aber: Nicht wortwörtlich abschreiben! Copy and Paste für ein Referat ist für die meisten Lehrer ein totales No Go, und sie kriegen extrem schlechte Laune, wenn sie das rausfinden.

Im Internet solltest du immer Texte finden, die genau die Informationen bieten, die du für den jeweiligen Punkt deiner Gliederung benötigst. Während du dir den Artikel durchliest, solltest du parallel ein Textverarbeitungsprogramm wie Word geöffnet haben und dir Notizen machen.

Lies den Artikel zunächst einmal langsam und in Ruhe durch. Versuche, die Inhalte möglichst gut zu verstehen. Dann ein zweiter Durchgang; diesmal schreibst du während des Lesens alles auf, was du für relevant für deinen Vortrag hältst. Am besten stichpunktartig, vor allem alle wichtigen Zahlen und Fakten. Das sollte sehr schnell gehen. Für jeden Gliederungsteil sollte man nicht länger als 20 Minuten brauchen. Lesen, Stichpunkte aufschreiben, lesen, Stichpunkte aufschreiben, nächsten Gliederungspunkt googeln, lesen, Stichpunkte aufschreiben etc. So kannst du sehr schnell die Inhalte deines Referats zusammentragen.

4. Schritt: Notizen filtern

Jetzt folgt ein Blick auf deine Notizen. Reichen sie aus, um den gesamten Vortrag zu halten, oder musst du noch etwas ergänzen? Wenn du etwas nicht verstehst oder meinst, nicht genügend Infos zusammengetragen zu haben, dann kannst du diesen Aspekt natürlich noch einmal recherchieren. Mit der Zeit wirst du aber lernen, mit diesem System sehr gezielt genau die notwendigen Informationen zusammenzutragen, die du für deinen Vortrag brauchst.

5. Schritt: Unterstützende Medien verwenden

Nachdem der Vortrag inhaltlich ausgearbeitet ist, musst du entscheiden, wie du das Wissen präsentieren willst. Eine Powerpoint-Präsentation bietet sich immer an. Ich persönlich habe aber die Erfahrung gemacht, dass es genauso gut ankommt, wenn man einen freien Vortrag hält und dabei lediglich einige Bilder mit dem OH-Projektor zeigt. Das hängt aber natürlich stark vom Lehrer ab. Einige Lehrer finden es super, wenn man Powerpoint verwendet, andere sehen es gar nicht gern und wollen, dass man zum Beispiel die Tafel benutzt, um irgendwelche Schemata zu erklären. Wofür du dich auch entscheidest, stelle immer sicher, dass der Lehrer zumindest nichts gegen deine Darstellungsform einzuwenden hat.

Ein kurzer Kommentar noch zu Powerpoint-Präsentationen: Packe nicht zu viele Informationen auf eine Folie, da deine Mitschüler dann vermutlich nicht mehr zuhören werden und stattdessen einfach alles von den Folien ablesen. Viele Lehrer mögen das überhaupt nicht. Besser ist es, wenn du dir ein Limit von fünf Stichpunkten à maximal acht Wörter setzt und niemals mehr Text auf deine Folien bringst. Die Präsentation soll nur ein Leitfaden für deinen Vortrag sein, auf keinen Fall eine schriftliche Form von allem, was du sagst. Generell sollten nicht viele Textfolien auftauchen, sondern eher Folien mit Bildern oder Diagrammen, d.h. Dinge, die du in Worten nicht oder schlecht ausdrücken kannst oder die in Bildern eingängiger und leichter verständlich sind. Eine Statistik versteht man besser als Diagramm, als wenn der Redner einem die Zahlen vorliest.

Die Folie soll also einen Mehrwert zum Vortrag bilden, nicht ihn doppeln. Ein oder zwei Zitate sind auch in Ordnung Achte darauf, viele Bilder zu benutzen und möglichst wenig Text; Bilder wecken grundsätzlich mehr Interesse und unterstützen das Verständnis.

6. Schritt: Einüben

Wenn du hier angekommen bist, steht dein Vortrag, du hast deine Notizen und deine unterstützenden Medien festgelegt und fertiggestellt. Der Vortrag ist also fertig. Da du aber natürlich nicht nur danach bewertet wirst, was du inhaltlich auf die Beine gestellt hast, sondern auch dafür, wie du deine Inhalte präsentierst, musst du das Ganze nun noch einstudieren.

Deshalb solltest du jetzt das Vortragen so üben, wie es in der Schule ablaufen soll. Das geht am besten, indem du zunächst den Vortrag – also Gliederung, Notizen, Bilder – einmal gedanklich komplett durchgehst. Das ist intensive Gedankenarbeit und sollte nicht unterschätzt werden. Danach nimm dir einen Zeitstopper – wahrscheinlich dein Handy – und halte den Vortrag einmal laut. Benutze dabei deine Notizen so wenig wie möglich. Sie sollten nur als Gedächtnisstütze dienen (schneller Blick darauf, aber nicht ablesen – nichts ist langweiliger als ein abgelesener Vortrag). Versuche, frei zu sprechen, arbeite mit den Medien und halte die Zeit ein – Lehrer hassen es, wenn dein auf 20 Minuten angesetzter Vortrag plötzlich 40 Minuten dauert und ihr ganzer Unterrichtsplan durcheinandergerät.

Ich brauchte meist nur ein oder zwei Versuche, bis ich den Vortrag sehr gut einstudiert hatte, es gab aber auch kompliziertere Themen wie etwa die Quantenmechanik in Physik. Diesen Vortrag habe ich bestimmt fünf oder sechs Mal geübt. Stelle sicher, dass wirklich alles sitzt, egal wie oft du die Sache durchgehen musst! Benutz auch deine Eltern oder Geschwister als Publikum, denn manchmal macht es einen Unterschied, ob du vor einem leeren Raum vorträgst oder vor Publikum.

Dieses Üben sorgt dafür, dass du den tatsächlichen Vortrag viel entspannter und selbstsicherer halten wirst, da du ja schon Routine hast und weißt, dass nichts Unerwartetes passieren kann.

Beispiel: Vortrag in Englisch

Um dir das Ganze etwas anschaulicher zu machen, zeige ich dir, wie ich einen Vortrag für Englisch über die indische Stadt Bangalore erstellt habe. Unsere Lehrerin stellte uns die Aufgabe, ein Referat über ein Thema unserer Wahl zu halten, das irgendwie mit Indien zu tun hatte.

1. Schritt: Themenfindung

Noch am selben Abend setzte ich mich an den Schreibtisch vor ein leeres Blatt Papier und gab mir fünf Minuten Zeit, um ein Thema zu finden. Nach einer Minute wusste ich, dass es etwas Wirtschaftliches sein sollte, weil mich Wirtschaft stark interessiert. Nach etwa zwei Minuten fiel mir ein, dass ich neulich im Internet einen Artikel über das Wirtschaftswunder von Bangalore gelesen habe. Und schon war mir klar, dass ich über den wirtschaftlichen Aufschwung von Bangalore referieren wollte. Ich nannte mein Referat: »Bangalore – The Economic Miracle«. Zu diesem Zeitpunkt hatte ich noch keine Ahnung, ob ich im Internet überhaupt genügend Materialien finden würde

2. Schritt: Gliederung erstellen

An diesem Abend – ohne vorher zu recherchieren – legte ich außerdem auch noch die Gliederung fest. Ich wollte darstellen, wie es zu dem wirtschaftlichen Aufschwung gekommen ist, wie die jetzige Wirtschaftssituation aussieht und zuletzt auch noch darüber referieren, welche sozialen Auswirkungen der Wirtschaftsboom hatte. Ich gliederte also:

1. Bangalore at a glance
2. Economic boom
   2.1 Reasons for the economic boom
   2.2 Current economic situation
   2.3 Impact on the society

Zu diesem Zeitpunkt hatte ich noch keine Internetrecherche betrieben, aber trotzdem innerhalb von 15 Minuten festgelegt, worum es in meinem Referat gehen sollte. Fast zu jedem Thema kann man mit gesundem Menschenverstand so eine knappe Gliederung vorab machen, die einem die Richtung für die Recherche vorgibt. Du musst nur überlegen, was deine Fragestellung ist und welche Aspekte du beleuchten musst, um diese Fragestellung zu beantworten. Stoff findest du dann schon.

3. Schritt: Turborecherche

Am nächsten Nachmittag machte ich mich daran, die einzelnen Gliederungspunkte mit Inhalten zu füllen. Für »1. Bangalore at a glance« gab ich bei Google erst einmal einfach nur »Bangalore« ein. Aus dem Wikipedia-Artikel holte ich mir dann, ohne großartig was zu lesen, wichtige Zahlen und Daten wie etwa Einwohnerzahl, Wirtschaftsleistung, Religionszugehörigkeiten. *5 Minuten.*

Als Nächstes tippte ich »reasons for economic boom Bangalore« ein und eines der ersten Ergebnisse bei Google gab mir eine ziemlich gute Übersicht darüber. Stichpunktartig schrieb ich die vier oder fünf Gründe auf, die Bangalore so schnell haben aufsteigen lassen. Ich notierte mir zu jedem der Gründe auch einige Zahlen. *10 Minuten.*

Im Anschluss googelte ich »economy Bangalore«, und auch hier wurde ich schnell fündig. Ich schrieb alle möglichen generellen Wirtschaftskennzahlen auf, die für meinen Vortrag sinnvoll waren. *10 Minuten.*

Den letzten Stichpunkt musste ich gar nicht mehr googeln, da ich bereits zuvor einen Artikel im Internet entdeckt hatte, der sich intensiv mit den Folgen des wirtschaftlichen Booms in Bangalore auseinandersetzte. Also ging ich zu diesem Artikel zurück und übernahm dort die wichtigsten Punkte. Ich achtete dabei darauf, sowohl die positiven Folgen wie etwa die Durchbrechung starrer Gesellschaftsstrukturen durch die Herausbildung einer jungen Generation von Mittelschichtlern sowie die negativen Konsequenzen wie etwa die wachsende Kluft zwischen Neureichen und arm gebliebenen Menschen aufzuzeigen. *10 Minuten.*

Die Inhalte für den gesamten Vortrag recherchierte ich in gerade einmal 35 Minuten!

4. Schritt: Notizen filtern:

Nun schaute ich, ob das, was ich recherchiert hatte, überhaupt Sinn ergab. Das tat es größtenteils. Einige Wirtschaftszahlen empfand ich im Nachhinein als überflüssig und nahm sie wieder heraus. Ansonsten überlegte ich mir schon einmal, wie ich etwa die Gründe des ökonomischen Booms noch einmal im darauffolgenden Punkt »Current economic situation« erwähnen könnte, um die Zusammenhänge besser demonstrieren zu können. *5 Minuten.*

5. Schritt: Unterstützende Medien verwenden:

Schon während meiner Internetrecherche wurde mir klar, dass ich als unterstützendes Medium Folien auf dem OH-Projektor verwenden wollte. Also googelte ich noch nach einigen repräsentativen Bildern. Ich gab etwa ein: »Bangalore High Tech« (da die Ansiedlung von ausländischen High-Tech-Firmen einer der wesentlichsten Aspekte für den Wirtschaftsboom gewesen ist), aber suchte auch nach den typischen Klischee-Bildern von armen Slumbewohnern oder aber von jungen westlich angezogenen Frauen, die die neue Mittelschicht repräsentieren sollten.

Ich suchte insgesamt fünf Bilder heraus, entschied, an welchen Punkten des Referats ich sie zeigen wollte, und war auch mit dieser Aufgabe fertig. *10 Minuten.*

6. Schritt: Einüben

Jetzt druckte ich das Referat, das mich ca. eine Stunde gekostet hatte, aus. Es war an sich komplett fertig. Ich legte es in meinen Englisch-Hefter und wartete ungefähr eine Woche, da ich das Referat erst dann halten sollte. Am Abend vor dem Referat las ich mir aufmerksam mehrmals meine Notizen durch und ging dann das Referat einmal, ohne auf meine Notizen zu schauen, im Kopf durch. *15 Minuten.*

Danach hielt ich das Referat mit einer Stoppuhr in meinem Zimmer ohne Publikum. Da ich mir Dinge generell sehr schnell merken kann, brauchte ich keinen zweiten Versuch. *15 Minuten.*

Insgesamt hatte ich also 1,5 Stunden Arbeit investiert, um ein Referat vorzubereiten, welches mit einer 1 bewertet worden ist. Früher saß ich sicherlich 10 oder 15 Stunden, verteilt über mehrere Tage, nur um ein einziges Referat vorzubereiten. Nun schaffe ich das in einem Zehntel dieser Zeit. In diesem Fall musste ich kein Handout anfertigen, ansonsten hätte ich natürlich ein wenig länger sitzen müssen. Aber wenn man strukturierte Notizen hat, dann geht auch das sehr schnell. Es dauert nicht länger als eine halbe Stunde, noch einmal die eigenen Notizen knapper zusammenzufassen und in übersichtlicher Form auf einem Blatt Papier unterzubringen.

Die größte Gefahr der Zeitverschwendung besteht, wenn man ohne festen Plan im Internet recherchiert. Man liest hier ein bisschen, da ein bisschen, ohne im Endeffekt wirklich weiterzukommen. Und manchmal kommt es dann auch noch vor, dass man verschiedene Seiten findet, die Verschiedenes behaupten, und dann ist man auch noch völlig verwirrt. Und hat natürlich wenig Lust, noch tiefer einzusteigen.

Ich empfehle dir also, deine Referate so ähnlich vorzubereiten, wie ich das gemacht habe. Vielleicht wirst du länger brauchen (anfangs sicherlich), aber du wirst schnell merken, dass es dir eine Menge Zeit und Nerven spart.

Benutze Arbeitspläne und Deadlines

Kennst du das, wenn du dich mit deinen Freunden am Abend treffen möchtest, aber nicht genau weißt, ob du das schaffst, wegen der Hausaufgaben? Fühlst du dich manchmal überfordert, weil du nächste Woche so viele Klausuren schreibst oder so viele Hausaufgaben über das Wochenende aufbekommen hast? Verlierst du den Überblick? Weißt du nicht, wo du bei all der Arbeit überhaupt anfangen sollst? Dann wird es Zeit, dass du die magischen Kräfte von Plänen und Deadlines für dich nutzt. Mit ihnen wirst du effektiver und schneller arbeiten. Außerdem spart dir diese Vorgehensweise auch jede Menge Nerven, da du ganz genau weißt, was getan werden muss und wann. Das schafft Zeiträume, in denen du chillen kannst, ohne ein schlechtes Gewissen haben zu müssen oder Zweifel, ob du die ganze Arbeitslast überhaupt überwältigen kannst.

Das Ganze funktioniert so:

1. Finde genau heraus, was zu tun ist:
2. Schätze den Zeitaufwand für deine Aufgaben ein
3. Schreibe, falls die Aufgabe komplexer ist, einzelne Teilaufgaben auf
4. Lege genau fest, wann du die Aufgaben oder Teilaufgaben erledigen möchtest

Beispiel, wie das Ganze funktioniert:

Es ist Freitagnachmittag und das Wochenende steht vor der Tür. Ich habe jede Menge Hausaufgaben. Meine Freunde wollen etwas unternehmen, aber ich habe noch keine Vorstellung, wie viel Zeit die Aufgaben in Anspruch nehmen werden und wie viel Freizeit mir bleibt. Also plane ich.

1. Finde genau heraus, was zu tun ist:

Ich schaue in mein Hausaufgabenheft. In Mathe muss ich das Arbeitsblatt mit den zwei Kurvendiskussionen bearbeiten, in Englisch einen einseitigen Text über Armut in Indien lesen und im Anschluss drei Fragen dazu beantworten. In Deutsch steht nächste Woche ein 10-minütiger Vortrag an über die Gebrüder Grimm. Und in Geografie muss ich noch einen kurzen Text über den Wüstentourismus in Nordafrika lesen und verstehen. Ich erstelle mir eine To-Do-Liste mit allen Aufgaben.

2. Schätze den Zeitaufwand für deine Aufgaben ein:

Nun kann ich mir einen genauen Eindruck davon verschaffen, wie viel Arbeit am Wochenende anfallen wird. Ich schreibe die geschätzte Zeit für jede Aufgabe auf meine To-Do-Liste:

1. Mathe Arbeitsblatt über zwei Kurvendiskussionen (2 Stunden)
2. Einseitigen Text in Englisch lesen und drei Fragen dazu beantworten (1 Stunde)
3. Deutsch-Vortrag vorbereiten (3 Stunden)
4. Einseitigen Geografietext lesen und verstehen (30 Minuten)

3. Schreibe, falls die Aufgabe komplexer ist, einzelne Teilaufgaben auf

Manchmal bekommt man Aufgaben, die man am Stück nicht durcharbeiten kann. Bei mir in Berlin haben wir z.b. die sogenannte 5. Prüfungskomponente im Abitur, bei der ich einen 20-minütigen Vortrag als Prüfungsform wählte. Diesen Vortrag konnte ich wegen seiner Wichtigkeit und wegen der strengeren Bewertung natürlich nicht in einem Stück mal schnell durcharbeiten. Stattdessen setzte ich mir für verschiedene Tage bestimmte Teilziele. Am 11.10. habe ich zum Beispiel die Gliederung erstellt, am 15.11. und am 16.11. recherchiert usw. Wenn eine Aufgabe sehr komplex ist, dann zerlege sie in mehrere Teilaufgaben und bearbeite die Teilaufgaben zu verschiedenen Zeitpunkten.

4. Lege genau fest, wann du die Aufgaben oder Teilaufgaben erledigen möchtest

Ich arbeite gern mit Deadlines. Ich habe gelernt, dass man Hausaufgaben viel schneller schafft, wenn man jeder Aufgabe einen klaren Zeitraum zuweist, also Anfangs- und Endzeitpunkt genau definiert. So kann ich auch die Zeit finden, um mich zu verabreden oder zu faulenzen.

So könnte mein Arbeitsplan für das Wochenende aussehen:

Freitag:
(1) 17:00-19:00 Uhr: Mathe-Hausaufgaben, zwei Kurvendiskussionen durcharbeiten
->17:00 Uhr – 17:55 Uhr Kurvendiskussion 1
->18:05 Uhr – 19:00 Uhr Kurvendiskussion 2

Samstag:
(1) 10:00 Uhr – 13:00 Uhr Deutsch-Vortrag vorbereiten
-> 10:00 Uhr – 10:50 Uhr Gliederung erstellen +Turborecherche
-> 11:00 Uhr – 11:50 Uhr Notizen filtern und unterstützende
   Medien einbauen
-> 12:00 Uhr – 13:00 Uhr Einüben/Verbessern
(2) 14:00 Uhr – 15:00 Uhr Englisch-Text

Sonntag:
(1) 10:00 Uhr – 10:30 Uhr Geografie-Text lesen

Mathe habe ich immer gern als Erstes hinter mich gebracht. In diesem Zeitplan unterteile ich die Mathe-Hausaufgabe in die zwei Teilaufgaben Kurvendiskussion 1 und Kurvendiskussion 2. Eine kleine Pause einzuplanen ist unbedingt ratsam – kurz die Beine vertreten, etwas trinken etc. tut gut! Der Deutsch-Vortrag wird in meiner Planung die meiste Zeit in Anspruch nehmen, darum will ich diese Aufgabe gleich am Samstagmorgen hinter mich bringen, damit ich den Großteil schon geschafft habe, bevor das Wochenende richtig losgeht. Nach der Vorbereitung des Deutsch-Vortrags plane ich eine Stunde Pause ein zum Mittagessen. Dann noch mal eine Stunde Englisch, dann habe ich den kompletten Nachmittag und Abend frei, um mit Freunden ins Kino zu gehen und abends noch in die

Disko zu können. Am Sonntagmorgen kommt dann noch der kurze Geografie-Text. Alles gemacht, ohne Stress.

So ähnlich kannst auch du dir deinen Arbeitsplan für das Wochenende erstellen. Es ist unrealistisch, gar nichts am Wochenende tun zu wollen, wenn du ein 1,0-Abitur erreichen möchtest. Es wird nicht funktionieren. Was aber auf jeden Fall möglich ist, ist ein soziales Leben, während du ein 1,0-Abitur schaffst. Lässt man die Klausurenphase einmal außen vor, besteht kein Grund, das ganze Wochenende zu pauken. Arbeite mit festen Arbeitsplänen und Deadlines, um deine Hausarbeiten zur vollen Zufriedenheit deiner Lehrer zu erfüllen und um dir gleichzeitig genug Zeit für deine Freunde und Hobbys nehmen zu können, ohne gleich ein schlechtes Gewissen haben zu müssen.

Herausforderung durch Freunde

Jemand hat mir einmal erzählt, dass du der Durchschnitt der fünf Menschen bist, mit denen du die meiste Zeit verbringst. Ich glaube fest, dass da etwas Wahres dran ist. Jedenfalls hatte ich immer ein paar Freunde, mit denen ich gemeinsam meine Noten verbessern wollte. Meine Freunde hatten sich zwar nicht so hohe Ziele gesetzt wie ich; aber auch sie haben ihre Ziele erreicht und sich alle stark verbessert: von 2,1 auf 1,3, von 2,5 auf 1,2. Ich traf mich regelmäßig mit ihnen zum Austausch, wie es denn bei ihnen schulmäßig so läuft, wir haben über anstehende Klausuren geredet, uns darüber beratschlagt, wie man bei konkreten Problemfächern taktisch vorgehen sollte usw. Insgesamt habe ich sehr davon profitiert, dass viele meiner Freunde so ähnlich eingestellt waren wie ich.

Man kann das ruhig als eine Art Wettbewerb gestalten, der Ansporn geben soll. Als ich einigen Kumpels vor Beginn des 1. Semesters erzählte, dass ich ein 1,0-Abitur machen werde, haben sie mich alle ausgelacht. Sie meinten, dass ich es niemals schaffen würde. Und so kam es auch, dass ich fünf Minuten später sechs Wetten über jeweils 100 Euro am Laufen hatte. Alle sechs wetteten, dass ich es nicht schaffen werde. Ein Siebter wettete sogar 1000 Euro darauf, dass ich noch nicht einmal einen 3,0-Schnitt schaffen würde. Alle Wetten gewonnen. Leider habe ich keinen Vertrag mit ihnen unterschrieben, sonst hätte ich das Geld jetzt. Na ja, auch so eine Sache, die ich gelernt habe. Indem ich Wetten mit meinen Bekannten abschloss, war ich aber auf jeden Fall total motiviert, es ihnen allen zu zeigen. Es stachelte meinen Ehrgeiz unheimlich an.

Du kannst Wetten durchaus in Betracht ziehen, wenn du dich durch Wettbewerb angespornt fühlst. Mit meinem Kumpel Victor habe ich beispielsweise Wetten auf unsere künftigen Noten abgeschlossen. 50 Euro darauf, dass ich mich in Geografie von 14 Punkte auf 15 Punkte verbessere. 30 Euro, dass Victor sich in Kunst von 12 Punkten auf 14 Punkte steigert etc. Wenn du darauf wettest, dann nimmt der Erfolgsdruck eine ganz andere Dimension ein. Nicht wegen des Geldes, sondern weil du beweisen möchtest, dass du wirklich so gut bist und gewinnst. Mich hat das immer sehr positiv angespornt. Ich liebe Herausforderungen. Natürlich ist das nicht jedermanns Sache. Aber für Leute, die Wettkämpfe mögen, ist es definitiv eine Überlegung wert, ein paar Wetten abzuschließen.

Ob Wetten oder nicht, schließ dich mit Freunden zusammen, die ähnliche Ziele haben wie du. Such dir Partner, mit denen du das gemeinsam durchziehst. Es wird dich viel stärker motivieren.

Lies die richtigen Bücher

Ich persönlich bin fest davon überzeugt, dass das Lesen eine wichtige Grundvoraussetzung ist, um Top-Noten zu bekommen. Darüber hinaus geht es hier auch ein wenig um die Kraft des Lesens als Orientierung für das eigene Leben.

Lesen generell

Zunächst einmal: Es gibt (bis auf wenige Ausnahmen) keine »richtigen« und »falschen« Bücher. Wenn du überhaupt regelmäßig liest, hast du gegenüber Menschen, die das nicht tun, gleich mal eine Reihe von Vorteilen. Dazu gehört zum Beispiel ein erheblich besseres Gefühl für Rechtschreibung und Zeichensetzung. Wenn du viel liest, wirst du einzelne Wörter automatisch sehr häufig sehen und dir merken, wie sie geschrieben werden. Rechtschreibung zählt während der Oberstufe in jedem Fach – es macht einfach einen negativen Eindruck, wenn deine Klausuren von Fehlern wimmeln, auch wenn es noch so schlau ist, was du schreibst. Lesen hilft dir definitiv, Rechtschreibfehler zu vermeiden.

Außerdem bekommst du ein viel besseres Verständnis für den Satzbau und wirst stilistisch vielseitiger. Durch das Lesen vieler Bücher wirst du mit der Zeit präziser formulieren und automatisch verschiedene Satzkonstruktionen verwenden können. Lesen wird deine sprachlichen Fähigkeiten auf eine völlig neue Ebene heben. Ich habe zwar heute noch immer einige kleinere Probleme mit dem Schreiben, aber bevor ich mit dem Lesen begonnen habe, schrieb ich echt katastrophal. Und heute reicht es sogar aus, um ohne fremde Hilfe ein Buch zu schreiben. Auch deine Noten – in fast jedem Fach – werden durchs Lesen zum Teil erheblich verbessert.

Wenn dich das noch immer nicht überzeugt, dem Club der Vielleser beizutreten, dann habe ich noch mehr gute Argumente:

Du steigerst dein Lesetempo: Es ist erwiesen, dass Vielleser deutlich schneller lesen und dabei mindestens genauso viel verstehen. Für dich bedeutet das, dass du Texte viel schneller durchgelesen hast als deine Mitschüler und damit mehr Zeit hast, über die Lösung der dazugehörigen Aufgaben nachzudenken.

Dein Gehirn wird leistungsfähiger: Studien haben festgestellt, dass während des Lesens das Gehirn besser durchblutet wird. Ähnlich wie beim Joggen die Muskeln mit mehr Sauerstoff versorgt werden und leistungsstärker werden, führt die bessere Durchblutung des Gehirns zu besserer Gehirnleistung. Dabei macht es keinen Unterschied, ob du komplizierte Sachtexte liest oder einen Roman. Die Hauptsache ist, dass du überhaupt liest.

Gigantisches Allgemeinwissen: In Sachbüchern wirst du natürlich ein wenig mehr lernen als in Romanen. Aber beide Buchtypen werden dir einen Schatz an Wissen vermitteln, den du durch bloßes Abhängen nach der Schule niemals erreichen würdest. Es klingt verrückt, ist aber wahr. Selbst Wissen aus Büchern, die eigentlich rein gar nichts mit dem Schulstoff zu tun haben, wird dir früher oder später einmal im Unterricht nützen. Außerdem hilft dir ein umfangreiches Allgemeinwissen auch, neue Inhalte in der Schule besser aufzunehmen. Warum das so ist? Ganz einfach, das Gehirn kann Inhalte viel schneller aufnehmen, wenn es diese mit bereits vorhandenem Wissen verknüpfen kann.

Du kennst und verwendest mehr Wörter: Du wirst viele neue Wörter kennenlernen. Alternieren statt abwechseln, Habitus anstatt äußeres Erscheinungsbild, Reputation anstatt Ruf sind drei Beispiele, die mir spontan einfallen. Viele kannst du im Unterricht oder in den Klausuren verwenden.

Orientierung für deinen Lebensweg: Du wirst beim Lesen immer stärker feststellen, welcher Stoff dich wirklich fesselt und welcher nicht. Dadurch wirst du ein ziemlich klares Verständnis davon entwickeln, was dich ganz persönlich interessiert. Das hilft dir später bei der Wahl des Studienfachs, oder vielleicht kristallisiert sich bei dir sogar schon ein klarer Weg heraus, den du im Leben einschlagen möchtest. Du erfährst durchs Lesen sehr genau, was dich wirklich interessiert, und durch diese Erkenntnis wiederum auch mehr über deine Persönlichkeit.

1+-Garantie durch das Lesen der richtigen Bücher

Wenn dir das immer noch nicht reicht und du vor allen Dingen lesen möchtest, um deine Schulnoten zu verbessern, dann kannst du natürlich auch zu härteren Mitteln greifen. Ich habe auch zu diesem Zweck gezielt Bücher gelesen. Voraussetzung ist aber ein gewisses Maß an Interesse für das Thema, ansonsten wird dir das Lesen zur Qual, und das hat keinen

Sinn. Ich persönlich oute mich an dieser Stelle als Biografien-Fan, Wirtschaftsfreak und exzessiver Leser von Büchern über die alten Römer und Griechen. Trotzdem habe ich aber zum Beispiel, als wir in Geschichte den Kalten Krieg behandelt haben, Henry Kissingers (ehemaliger amerikanischer Außenminister) Memoiren gelesen und zwei andere Sachbücher über den Kalten Krieg. Durch das Lesen dieser für den Unterricht relevanten Bücher steigerte ich nicht nur mein Wissen über das Thema, sodass keiner meiner Mitschüler mehr mithalten konnte, auch mein Enthusiasmus für das Thema nahm schlagartig zu.

Außerdem eignet man sich mit Fachbüchern auch ein wenig die korrekte Fachsprache an. Bücher über Geschichte sind so gut wie immer von einem Geschichtswissenschaftler verfasst. Dadurch lernst du viele Fachbegriffe, die in der akademischen Welt der Geschichte verwendet werden, und wie man diese korrekt verwendet, oder aber auch, welcher Schreibstil angebracht ist, wenn man über geschichtliche Themen schreibt. Dieses Wissen hilft wiederum in der Klausur enorm weiter, einen überzeugenden wissenschaftlichen Text zu schreiben.

Meine Empfehlung ist also: Lies Bücher, die thematisch zum aktuellen Semester gehören. Wichtig: Lies diese Bücher, bevor ihr das Thema im Unterricht behandelt. Solange du kein Extremleser bist, beschränke dich auf einige wenige Fächer, in denen du auf diese Weise vorlernst. Such dir deine Lieblingsfächer dafür aus, die dich interessieren. Du kannst zum Beispiel in den Sommerferien nachschauen, welche Themen im nächsten Semester in Politik und Geschichte behandelt werden. Dann pickst du dir einfach möglichst passende Bücher dazu heraus und liest sie in den Sommerferien oder in den ersten Schulwochen. Du wirst davon enorm profitieren. Du wirst so viel Zusatzwissen einbringen können wie kein zweiter, und das macht den Unterschied zwischen 2 und 1 oder zwischen 1 und 1+ aus. Wenn du bestimmte Informationen aus den Büchern besonders bemerkenswert findest, dann schreib sie dir auf und nimm sie in den Unterricht mit. Eventuell hast du hier auch schon ein gutes Referat-Thema gefunden.

Fremdsprachen lernen

Lesen birgt vor allem auch ein enormes Potenzial beim Erlernen von Fremdsprachen. Du wirst auf diese Weise viele Wörter kennenlernen und benutzen
können, die eigentlich nur Muttersprachler kennen. Ich habe so mein Englisch trainiert. Als ich in der Oberstufe loslegte, war mein Englisch noch ziemlich unterentwickelt. Ich hatte zwar immer sehr gute Lehrer gehabt, doch war
ich einfach faul gewesen, wie die meisten, die in Fremdsprachen schlechte
Noten haben.

Als ich anfing, englische Bücher zu lesen, wurde ich schlagartig besser.
Zunächst quälte ich mich sehr beim Lesen, da ich kaum etwas verstand.
Wörter, die ich immer wieder sah und nicht kannte, regten mich so sehr
auf, dass ich sie im Übersetzer suchte, mitsamt Übersetzung aufschrieb
und auswendig lernte. Mit jeder Lesesitzung verstand ich mehr und mehr,
und am Ende las ich sogar englische Fachbücher von Harvard-Professo-
ren über die Globalisierung. Nach vielleicht zwei Monaten Englisch-Lesen
gehörte ich definitiv schon zu den besten in meinem Englisch-LK. Es ist
völlig normal, wenn du beim Lesen fremdsprachiger Bücher am Anfang
wenig verstehst. Gib aber nicht frustriert auf, sondern schreib dir die auf-
fälligsten unbekannten Wörter auf und lerne sie als Vokabeln. Mit der
Zeit wirst du extrem gut werden und selbstsicher die Vokabeln in Klausuren korrekt verwenden können.

Wie viel lesen und wann?

Grundsätzlich empfehle ich, dass du jede Woche ein Buch liest. Das ist
auch für langsame Leser zu schaffen und hat den Vorteil, dass man das
tägliche Lesen damit zum Ritual macht. Dadurch erarbeitet man sich konsequent, Tag für Tag, alle Vorteile, die Lesen mit sich bringt. Man wird
jeden Tag ein wenig gebildeter, jeden Tag liest man ein wenig schneller,
jeden Tag wird man intellektuell leistungsfähiger, jeden Tag schreibt man
selbst bessere Texte, jeden Tag benutzt man treffendere Vokabeln. Vor
allem, wenn man mit dem Lesen beginnt, ist man erstaunt, welche Fortschritte in so kurzer Zeit möglich sind. Probiere es aus und fang an, ein
Buch zu lesen, dessen Titel dich interessiert!

Achte auf deine Gesundheit

Diesem Kapitel werde ich nur einen kurzen Abschnitt widmen, da ich weder ein Experte auf dem Gebiet bin noch ein gutes Vorbild abgebe. Ich weiß jedoch, dass Gesundheit auch dazu beitragen kann, die Leistungsfähigkeit in der Schule zu verbessern. Darum solltest du dein Bewusstsein für eine gesündere Lebensweise und ihren Nutzen für die Schule schärfen. Gesund bist du leistungsfähiger und kannst somit produktiver arbeiten, dich besser konzentrieren, bist ausdauernder und effektiver. Die wichtigsten Punkte, an denen du bezüglich deiner Gesundheit arbeiten kannst, sind:

Ernährung: Vorteilhaft sind viel Obst und Gemüse jeglicher Art über den Tag verteilt, Vollkornprodukte als Hauptquelle deiner Kohlenhydrate, mageres Fleisch, generell abwechslungsreiche Ernährung

Nachteilhaft sind viel Fast Food, viel Zucker, viel Fett, einseitige Ernährung

Erholung: ausreichender Schlaf (von Mensch zu Mensch unterschiedlich), Abschaltpausen, Spaziergänge in der Natur etc.

Sport: Vor allem Ausdauersport ist gut.

Ich will ehrlich sein: Ich habe überhaupt nicht auf meine Gesundheit geachtet und es trotzdem geschafft, mein Traum-Abi zu erreichen. Ich esse viel Fast Food, viele Süßigkeiten, schlafe unter der Woche manchmal nur 4 Stunden und treibe nur ab und an Kraftsport. Ich bin also definitiv nicht der Richtige, um dich über Gesundheit aufzuklären. Wahrscheinlich weißt du mehr darüber als ich. Belassen wir es dabei, dass ich überzeugt bin, dass eine gesunde Lebensweise eindeutig hilft, besser in der Schule zu werden, dass es aber auch ohne zu schaffen ist; der Konsequenzen für deine Gesundheit solltest du dir dann aber bewusst sein. Entscheiden musst du selbst, was du tust.

Das »große Ganze« nicht aus den Augen verlieren und Prioritäten setzen

Als ich mich in den Sommerferien vor der Oberstufe an den Schreibtisch setzte, schwor ich mir, alles zu tun, um mein Ziel zu erreichen. Ich war bereit, jede Arbeit zu tun, die notwendig ist, auch wenn sie noch so lange und unangenehm sein mochte. Ich setzte konsequente Prioritäten. Ich war bereit, meine komplette Freizeit aufzugeben, falls mein Ziel dies verlangte. Hätte ich jeden Nachmittag sechs Stunden lernen müssen, hätte ich es ohne mit der Wimper zu zucken getan.

Das klingt radikal, war es definitiv auch. Und es war auch verdammt wichtig, denn ich benötigte eine gewisse Anlaufzeit, bis alles klappte. In den ersten drei oder vier Wochen des Semesters lief noch nicht alles, wie ich es mir vorstellte, denn ich hatte noch immer einige Wissenslücken und musste deshalb noch viel zu Hause pauken, vor allem Grundlagenstoff, den ich in den Sommerferien übersehen habe und der jetzt plötzlich wichtig war. Dementsprechend saß ich in dieser Zeit drei, vier oder auch mehr Stunden pro Nachmittag daheim und holte den Stoff auf. Hätte ich eine andere Einstellung gehabt, hätte ich hier schon aufgegeben. Das Geheimnis lag darin, dass ich die Schule zu meiner obersten Priorität machte und alles andere hintanstellte.

Später wurde es deutlich leichter. Wenn man erst einmal alle Lücken beseitigt hat, ist es wirklich sehr einfach, den neuen Stoff aufzunehmen. Ab der fünften Woche des ersten Semesters arbeitete ich durchschnittlich nur noch 1,5 Stunden täglich zu Hause. Ab dem zweiten Semester war es im Schnitt nur noch eine Stunde am Tag – Klausurphase miteinberechnet. Ich hatte massig Freizeit und schrieb trotzdem eine 1+ nach der anderen. Ich konnte mich nebenbei als Schulsprecher engagieren, mein eigenes Business mit Golfbällen hochziehen und mich mit Freunden treffen, so viel ich wollte. Ich wusste aber die ganze Zeit über auch, dass ich auf der Stelle mit all den netten Freizeitaktivitäten aufhören und wieder pauken würde, sobald meine Leistungen in der Schule nachließen.

Selbst wenn du also ab einem gewissen Zeitpunkt sehr entspannt Einsen absahnen kannst, brauchst du trotzdem diese gewisse »I will do it at any cost«-Mentalität. Ansonsten wirst du die harte Anfangszeit nicht überstehen und auch bei Rückschlägen nicht angemessen reagieren können.

Im Laufe eines Semesters wirst du mit allem möglichen konfrontiert sein und immer wieder in irgendwelche Dinge vertieft sein. Es kann schnell Chaos entstehen, und es kann auch passieren, dass du von deinem Kurs auf 1,0 abdriftest. Irgendetwas in deinem privaten Leben könnte deine Aufmerksamkeit vollkommen auf sich ziehen. Das ist mir auch einige Male passiert. Wichtig ist dann, dass du den Kurs wieder auf dein Ziel korrigierst.

Ich empfehle dir, mindestens einmal in der Woche, am besten am Wochenende, deine Übersicht mit deinen Notenzielen vor dich zu legen und dich zu fragen, ob du noch immer auf dem richtigen Weg bist. Tust du wirklich alles, was du tun musst, um bei deinen Traumnoten anzukommen? Analysiere, in welchen Fächern alles wunderbar läuft und wo du hinterherhinkst. Wenn du keine Ahnung hast, wie du in einem Fach stehst, dann frag freundlich deinen Lehrer. Frag lieber einmal zu viel als zu wenig nach. Sonst erlebst du am Ende böse Überraschungen bei der Zeugnisausgabe.

Wenn du weißt, wo alles gut läuft und wo noch starkes Verbesserungspotenzial herrscht, dann frag dich, woran es liegt, dass du in diesem Fach so schlecht abschneidest. Meist bist du an irgendeiner Stelle nicht mehr gut genug mitgekommen, weil du zu faul für die Hausaufgaben warst, weil dir irgendwelche Vorkenntnisse gefehlt haben oder weil du dich im Unterricht nicht getraut hast, dich oft genug zu melden. Was es auch immer ist: Finde es heraus, sprich mit deinen Freunden oder deinem Lehrer, falls du selbst nicht darauf kommst. Und finde einen Weg, wie du dein Problem lösen kannst. Wenn du mit dem Stoff hinterherhinkst, nimm kurzzeitig, aber intensiv Nachhilfe in dem Fach in Anspruch. Geh ruhig vier oder fünf Mal in einer Woche zu einem Nachhilfelehrer, bis du wieder in der Materie drinnen bist. Wenn du dich bisher nicht getraut hast, dich oft zu melden, dann setz dir das Ziel, dich in jedem Unterricht mindestens sieben Mal zu melden. Nimm eine Liste mit in den Unterricht und mach für jede Meldung einen Strich.

Wenn es in einem Fach nicht ganz glatt läuft, dann sind Kreativität und Fleiß gefragt. Sei kreativ genug, um dir eine Lösung für dein Notenproblem auszudenken. Sei fleißig genug, klar messbare Ziele zu setzen, einen Plan auszuarbeiten und diesen umzusetzen, um dein Notenproblem zu lösen.

Wenn du deine Fortschritte über die nächsten zwei Jahre immer wieder überprüfst und dich zwingst, dich auch mit den unangenehmen Fächern auseinanderzusetzen, wird dir das für deine Abiturnote extrem weiterhelfen. Andersherum wirst du auch gelassener reagieren, wenn du mal eine Klausur versaut hast. Denn du lernst, diese Klausur in Relation zu deinem Abitur zu setzen. Du wirst merken, wie unwichtig diese eine Klausur für dein Abitur ist, weil am Ende die Masse an Noten entscheidet und nicht die einzelne Klausur. Deine Notenträume platzen nicht, nur weil du mal eine Klausur verhaust oder ein Fach gar nicht bei dir läuft.

Ich empfehle dir, dass du so wie ich immer wieder mal auf der Seite www.abitur-und-studium.de deinen Stand abfragst. Hier kannst du deine bisherigen Noten eintragen und gucken, was für eine Abiturnote am Ende herauskommen würde, wenn du die künftigen Noten schätzt.

Neues Semester, weiter geht's!

Ist ein Semester vorbei, so wünsche ich dir, dass du alle deine Noten so erreicht hast, wie du sie dir vorgenommen hast, dass dein Zeugnis genauso aussieht wie das Zielzeugnis, das du dir ein halbes Jahr zuvor erstellt hast.

Erstelle in jedem Fall für das nächste Semester wieder ein Zielzeugnis. Schreibe mit Bleistift neben deine aktuellen Noten, welche Noten du in den einzelnen Fächern im nächsten Semester haben möchtest. Sei dabei ehrgeizig! Wenn du letztes Semester in Mathe 14 Punkte geschafft hast, dann setz dir 15 als Ziel in Mathe für das nächste Semester. Wenn du in Deutsch nur 11 Punkte geschafft hast, dann versuche, auf 14 Punkte hochzukommen. Analysiere, was verkehrt lief. War es die Klausur? Hast du auch mündlich nur enttäuschende Punkte bekommen? Was auch immer es war, du weißt ganz genau, dass es eine Lösung gibt. Arbeite einen Plan aus, mit dem du nächstes Semester 14 Punkte bekommst. Die stehen dir zu! Die gehören dir! Du musst nur bereit sein, den Preis zu zahlen! Behalte dein Ziel vor Augen, halte dir immer wieder deine Motivation vor – den Studienplatz in Harvard oder was auch immer es ist. Stelle es dir vor jedem neuen Semester aufs Neue vor. Behalte so den Kurs in Richtung Erfolg bei!

Umgang mit Niederlagen

Du wirst im Laufe deiner zwei Jahre Oberstufe natürlich auch immer wieder frustrierende Niederlagen erleben. Ich wäre ein Lügner, wenn ich das Gegenteil behaupten würde. Es wird immer das eine oder andere Fach geben, wo du aus ganz unterschiedlichen Gründen nicht schaffst, was du dir vornimmst. Leider ist verlieren ein Bestandteil des Lebens. Das gilt für den einfachen Menschen und den 1,0-Abiturienten ebenso wie für den Bundeskanzler, den Nobelpreisträger, den Milliardär und den Star-Regisseur.

Merk dir bezüglich Niederlagen bitte den nächsten Satz: Es ist nicht entscheidend, ob und wie oft man verliert, es ist nur entscheidend, wie man damit umgeht! Menschen, die sich noch nicht eine bestimmte Art von Wissen und Denkweise antrainiert haben, reagieren bei Niederlagen katastrophal und extrem kontraproduktiv. Vielleicht tust du das auch, so wie ich es früher tat. Plagen dich Zweifel, dass du einfach nicht gut genug bist, dann ist das kontraproduktiv. Denn anstatt dein Versagen auf zu geringe Anstrengung oder eine falsche Vorbereitungsweise zurückzuführen, die in 99% der Fälle für deine Niederlage ausschlaggebend waren, behauptest du, dass du minderwertig bist. Und das ist absolut falsch! Gerade beim Thema Schulnoten ist es einfach nicht wahr, dass du schlechte oder mittelmäßige oder nur gute Noten hast, weil du nicht intelligent genug bist. Im Vergleich zu anderen Dingen sind Spitzennoten so einfach zu bekommen, sie haben nichts mit Intelligenz zu tun, sondern nur mit effektivem Lernen.

Ich hatte vor der Oberstufe immer nur eine 3 oder 4 in Mathe, in Physik habe ich die 5 meist gerade noch so vermieden – leider hat das aber auch nicht immer geklappt. Trotzdem hatte ich am Ende in beiden Fächern eine 1+ bzw. eine 1. Auch während der Oberstufe habe ich oft verkackt! Ich habe in Physik einmal 7 Punkte in der Klausur geschrieben, in Geschichte nur 10 Punkte auf dem Zwischenzeugnis gehabt und für meine Verhältnisse sogar die Englisch-Abiturklausur mit 12 Punkten richtig verhauen. Vor allem im ersten Semester hat nur wenig geklappt. Obwohl ich mich massiv vorbereitet hatte, schaffte ich in meinen ersten beiden Leistungskurs-Klausuren in Englisch und Geografie nur 11 Punkte.

Aber habe ich deswegen aufgegeben oder gedacht: »Hmmmm, vielleicht haben die Leute um mich herum ja doch recht und ein 1,0-Abitur ist für mich nicht realistisch, vielleicht sollte ich meine Erwartungshaltung ändern und nur noch ein 2,0-Abi anstreben?« Verdammt noch mal, nein! Ich gebe zu, ich habe an den Abenden, an denen ich die Klausuren zurückbekam, kurz geweint und meine Träume platzen sehen. Gleich am nächsten Tag habe ich mich aber gefasst und mich an die Klausuren gesetzt, geguckt, was ich falsch gemacht habe, meine Fehler genauestens analysiert und über die nächsten Wochen hart daran gearbeitet, es besser zu machen. Ich wusste, dass es nur einen Weg gab. Und dieser Weg bestand nicht aus jammern oder Ziele runterschrauben, sondern in nüchterner Fehleranalyse und harten Stunden, diese Fehler nachhaltig zu eliminieren!

In der nächsten Englisch-Klausur schaffte ich 12 Punkte und in der nächsten Geografie-Klausur 13 Punkte. Nach einem Jahr hatte ich in Englisch eine 1 und in Geografie eine 1+. Trotz der anfänglichen Niederlagen habe ich es letztlich geschafft! Ich habe einfach nur gelernt, wie man für diese Fächer lernt! Und ich bin vor allem konstruktiv mit Niederlagen umgegangen, habe mich gefragt, was an meiner Leistung noch nicht gut genug war, hart daran gearbeitet, das zu verbessern, und es beim nächsten Mal besser gemacht.

Das kannst du übrigens auch aus Biografien sehr gut lernen. Hier meine drei Lieblingsmotivationsstorys aus den verschiedensten Bereichen kurz zusammengefasst:

- **Jack Ma**, der Gründer des Versandhandels Alibaba, Multimilliardär und erfolgreichster chinesischer Unternehmer, schaffte erst beim vierten Mal die Hochschulzulassung, bewarb sich 10-mal bei Harvard, wurde 10-mal abgelehnt, sprach mit über 100 potenziellen Investoren, um sie in der Anfangszeit von Alibaba von seiner Idee zu überzeugen, und bekam ausschließlich Abfuhren. Trotzdem hat er letztlich gewonnen.
- **Thomas Alva Edison**, der Erfinder der Glühbirne, brauchte über 1200 Versuche, bis er den Glühfaden aus verkohlten Bambusfasern testete, der dann endlich funktionierte. Mit anderen Worten: Er scheiterte bei mehr als 1200 Versuchen, bis er gewann.
- **Abraham Lincoln**, 16. Präsident der USA und als größter amerikanischer Präsident der Geschichte gefeiert, scheiterte zunächst im Business, musste gleichzeitig den Verlust seiner Verlobten verkraften, bekam einen Nervenzusammenbruch in seinen 20ern und wurde in acht Wahlen geschlagen. Und trotzdem gab er nicht auf und wurde der bedeutendste US-Präsident der Geschichte, der die USA vereinte und die Sklaverei abschaffte.

Keiner dieser Menschen verlor den Glauben an sich selbst. Sie alle wussten, dass sie mehr tun oder es anders probieren mussten. Schau dir an, wie lächerlich klein eine schlechte Klausur gegen die Niederlage ist, die andere Menschen ertragen mussten. Merk dir, nur weil du manchmal verlierst, bist du lange kein Verlierer. Verloren hast du erst in dem Moment, in dem du aufgibst! Und gerade Schule ist wirklich extrem easy im Vergleich zu Herausforderungen und Niederlagen, die dich noch erwarten werden! Analysiere begangene Fehler, arbeite hart an deinen Schwächen, sodass du diese Fehler in Zukunft nicht mehr machst, und gewinne beim nächsten Mal! Und wenn das nicht klappt, beim übernächsten Mal!

Selbst wenn du ein 1,0-Abi nicht schaffen solltest, verspreche ich dir, wenn du die zwei Abi-Jahre hindurch kämpfst, wirst du trotzdem viel besser abschneiden, als wenn du irgendwo auf der Strecke aufgegeben hättest. Und wenn du früh genug mithilfe dieses Buchs anfängst, an dir zu arbeiten, wirst du dein 1,0-Abi schaffen!

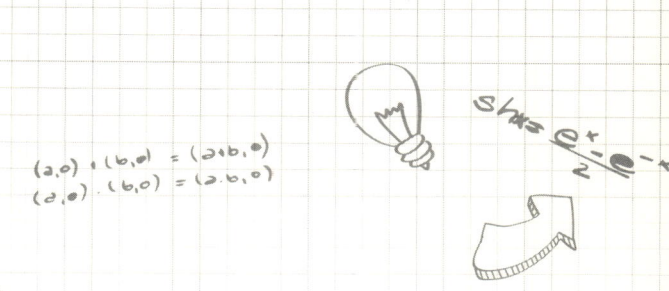

$$(a,0) + (b,0) = (a+b,0)$$
$$(a,0) \cdot (b,0) = (a \cdot b,0)$$

$$\sinh x = \frac{e^x - e^{-x}}{2}$$

TEIL 4:
KLAUSUREN UND ABITUR

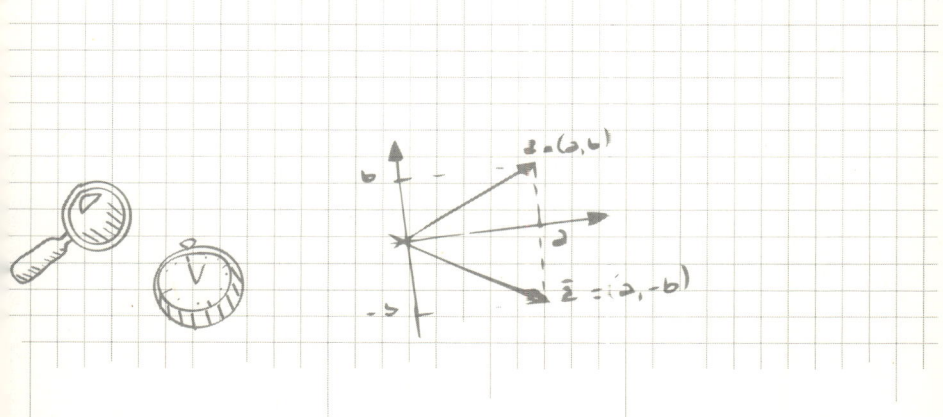

Die ersten Wochen im neuen Schuljahr gehen schnell vorbei, und ehe man sich versieht, stehen die ersten Tests und Klausuren vor der Tür. Nun stellt sich natürlich die Frage, wie man sich am besten darauf vorbereitet. Immerhin haben die Klausuren einen nicht unbeträchtlichen Anteil an deiner Endnote. Und dann kommen zum Schluss noch einmal die Abiturklausuren, die einen Bärenanteil an deiner Abiturnote ausmachen. In Berlin, wo ich Abitur gemacht habe, können die Abiturprüfungen die Gesamtnote um ganze 0,4 Punkte nach oben oder unten beeinflussen. Ich hätte mich also, wenn ich einen 1,4-Schnitt konstant in allen Semestern gehalten hätte, noch durch die Abiklausuren auf 1,0 verbessern können. Andersherum kann man natürlich auch abrutschen.

Welchen Anteil die Abiturklausuren in deinem Bundesland haben, kannst du im Internet oder einfach durch Nachfragen bei den Lehrern herausfinden. Er ist auf jeden Fall hoch, deshalb ist es unheimlich wichtig, in den Abi-Klausuren 15 Punkte anzuvisieren. Wenn du mündlich gut mitarbeitest, aber die Klausuren nur durchschnittlich gut schreibst, kannst du dich von einem 1,0-Abitur getrost verabschieden. Die gute Nachricht ist aber, dass es mit ein wenig Geschick sehr einfach ist, auch in den Klausuren zu glänzen.

Aufbau einer Klausur

Worum geht es in einer Klausur überhaupt? Der prüfende Lehrer möchte sichergehen, dass die Schüler sich das Fachwissen angeeignet haben, es anwenden können und auch zu einer Beurteilung des gelernten Stoffs fähig sind. Deshalb sind die meisten Klausuren in drei Teilaufgaben untergliedert. In der ersten gilt es, das angeeignete Wissen wiederzugeben. Die zweite Aufgabe bezieht sich immer auf ein konkretes Beispiel, an dem du dein Wissen anwenden musst, meist in Form einer Analyse. Und schließlich wird dir abverlangt, dir eine eigene Meinung zum Thema zu bilden. Auch in den Abiturklausuren bleibt das Prinzip das Gleiche: 1. Wiedergabe des Wissens, 2. Anwendung an einem konkreten Beispiel, 3. Urteilsbildung, meist über das soeben analysierte Thema. Die Gewichtung ist dabei meist die folgende:

- Wissensteil : 30 %
- Analyse/Anwendung: 40%
- Urteilsbildung/Reflexion: 30 %

Damit man sich sinnvoll auf die Klausuren vorbereiten kann, muss man verstehen, wonach gefragt ist bzw. was der Lehrer lesen will und wofür er Einsen verteilt. Dafür ist es sinnvoll, alle drei Teilaufgaben einzeln unter die Lupe zu nehmen.

1. Aufgabe: Wiedergabe des Wissens

Auf den ersten Blick geht es hier tatsächlich, wie der Name bereits nahelegt, um die reine Wiedergabe des Wissens, das du dir in den Tagen und Nächten des Übens hoffentlich angeeignet hast. Sprich, alles was man hier schreibt, lässt sich ohne viel Denkarbeit einfach pauken. Interessanterweise bekommen trotz der scheinbar relativ geringen Anforderungen die meisten guten Schüler für diesen Aufgabenteil trotzdem nicht die vollständige Punktzahl. Es stellt sich die Frage nach dem Warum. Wenn man doch nur auswendig lernen muss, warum ist es dann eine Seltenheit, dass ein Schüler einmal 15 Punkte für diesen Teil bekommt?

Die Wahrheit ist, dass man wesentlich mehr tun muss, als nur auswendig zu lernen. Zwei Faktoren unterscheiden den Kandidaten für die 1+ vom allgemein guten Schüler. Der überragende Schüler bringt deutlich mehr Detailwissen ein und überzeugt durch eine besonders logische Verknüpfung des Wissens, was wiederum nur aufgrund seines erstklassigen Verständnisses des Unterrichtsstoffs möglich wird. Darum ist es so wichtig, jedes kleinste im Unterricht behandelte Unterthema bestens zu verstehen und auch in Zusammenhang mit dem großen Ganzen setzen zu können. Du darfst dich nicht mit grobem Wissen zufriedengeben. Jedes einzelne Teilthema musst du bestens verstehen und wissen, wie es mit dem restlichen Thema verknüpft ist.

Detailwissen

Höre im Unterricht immer aufmerksam zu und lies alle Unterrichtsmaterialien aufmerksam durch. Beachte jedes Detail und versuche es zu
verstehen. Überlies nicht so wie das Gros deiner Mitschüler Ergänzungen
und Nebeninformationen. Merke sie dir und überlege schon einmal, an
welcher Stelle du sie später in deiner Klausur benutzen wirst. Dein Lehrer
wird über die Stunden wahnsinnig viele Details bringen, die du in keinem
Buch und in keiner Zusammenfassung des Stoffes finden wirst, die ihm
aber wichtig sind, sonst würde er sie nicht erwähnen. Präge sie dir daher
im Unterricht ein und mach dir Notizen dazu.

Logische Verknüpfung

Die Voraussetzung hierfür ist ein umfassendes Verständnis des Lernstoffs.
Wenn du viele Details kennst und verstehst, kannst du sie auch miteinander in Verbindung setzen. Am besten gehst du dabei so vor, dass du im Kopf
oder auf einem Blatt Papier versuchst, einen Text zu formulieren, der all
diese Aspekte aufgreift. Nehmen wir an, du schreibst eine Geografieklausur
über Megacities. Du hast alle möglichen Faktoren auswendig gelernt, die
eine Megacity ausmachen. Nun liegt es an dir, wie du dieses Fachwissen
präsentierst. Du kannst entweder jeden Punkt abhaken, indem du einen
Satz nach dem anderen mit jeweils einem Kriterium aufschreibst, oder du
kannst einen logischen, zusammenhängenden Text daraus machen, in welchem du die Kriterien der Megacity miteinander verbindest. Nur letztere
Variante wird mit 15 Punkten bewertet werden.

1. Variante:

Megacities sind Riesenstädte. Viele internationale Wirtschaftskonzerne
haben hier ihren Hauptsitz. Megacities haben einen hohen subglobalen Bedeutungsüberschuss gegenüber der Umwelt. Es handelt sich um wirtschaft-

liche Aktiväume, in denen große wirtschaftliche Wertschöpfungen erzeugt werden. Eine Megacity hat außerdem mindestens 10 Millionen Einwohner. Die Einwohnerzahl wächst ständig. Es wandern jährlich Hunderttausende Menschen hinzu. Die Bevölkerungsdichte einer Megacity ist auch sehr hoch. Die Verkehrsinfrastruktur ist meist überlastet. Es herrscht akuter Wohnraummangel. Ein Großteil der Menschen in Megacities lebt in Armut, und viele beziehen ein Einkommen unter dem Existenzminimum.

2. Variante:

Unter Megacities, auch Riesenstädte genannt, versteht man solche Städte, die über einen hohen subglobalen Bedeutungsüberschuss verfügen. Dies drückt sich dadurch aus, dass hier viele international bedeutende Konzerne ansässig sind, die über einen hohen Einfluss auf die Weltwirtschaft verfügen. Megacities sind sogenannte wirtschaftliche Aktiväume, die im Vergleich zu ihrem Umland über eine sehr hohe wirtschaftliche Wertschöpfung verfügen. Damit einhergehend muss es eine hohe Anzahl an Arbeitskräften geben, die die Arbeit verrichten. Das ist wiederum der Grund dafür, dass mehr als 10 Millionen Menschen in einer Megacity leben. Um solch einer großen Anzahl an Einwohnern jedoch auch den nötigen Lebensraum und einen akzeptablen Lebensstandard zu gewährleisten, müssen enorme Anstrengungen in der sozialen sowie verkehrstechnischen Infrastruktur erfolgen. Da diese den Anforderungen der Vielzahl an Bürgern und den Massen an zuziehenden Migranten in der Praxis oftmals nicht gerecht wird, kann eben auch dieser Mangel an Infrastruktur als Indikator einer Megacity herangezogen werden.

Welcher Text hat dir besser gefallen? Die erste Variante oder doch die zweite? Deinem Lehrer würde sicherlich die zweite Präsentation erheblich besser gefallen. Die Informationen sind zwar dieselben. Aber im zweiten Text werden sie viel besser miteinander in Beziehung gesetzt, es wird erklärt, wie ein Aspekt zum nächsten führt, Ursachen und Wirkungen werden dargestellt etc.

2. Aufgabe: Analyse/Anwendung

Typischerweise musst du bei der Analyse bzw. der Anwendungsaufgabe in sprachlichen und gesellschaftswissenschaftlichen Fächern irgendeinen Text oder ein Bild unter bestimmten Gesichtspunkten analysieren.

Struktur der Analyse

In den allermeisten Fällen wird der Lehrer zuvor eine bestimmte Struktur vorgegeben haben, die ihr benutzen sollt, um das Material zu analysieren. Stelle sicher, dass du diese Struktur absolut verstanden hast, und halte dich peinlich genau an diese Struktur. Der Lehrer hat sie nicht umsonst vorgegeben. Stelle also immer schon vor der Klausur sicher, dass du das Format der Analyse bestens beherrschst.

In Deutsch könnte die Struktur der Analyse – abgesehen von Einleitung und Schlussteil – in etwa so aussehen (abhängig von eurem Lehrer):

Rhetorisches Mittel -> erklären, was das rhetorische Mittel in diesem Kontext bewirkt -> ein Beispiel für das rhetorische Mittel finden -> erklären, warum das ein Beispiel für das rhetorische Mittel ist, und erklären, was dieses Beispiel genau bewirkt.

Bau deine Analysen nach dem vom Lehrer vorgegebenen Muster auf und weiche nicht davon ab!

Inhalt

Inhaltlich geht es in der Analyse zumeist darum, das bereits im Unterricht erworbene Wissen anzuwenden. In Deutsch solltest du z.B. in der Lage sein, in einem vorgegebenen Text alle relevanten rhetorischen Mittel aufzudecken und nach dem vorgegebenen Schema ihre Wirkung in diesem konkreten Fall zu benennen. Das ist wirklich sehr einfach, wenn man bei der Vorbereitung die rhetorischen Mittel alle verstanden und auswendig gelernt und ein paar unbekannte Texte ohne Hilfe auf die rhetorischen Mittel hin analysiert hat.

In mathematisch-naturwissenschaftlichen Fächern sind die Aufgaben im Prinzip ähnlich, nur dass es sich um abstraktere Sachzusammenhänge handelt, die größtenteils in Zahlen ausgedrückt werden. Auch hier gilt: Du musst das im Unterricht Gelernte verstanden und auswendig gelernt haben. Ansonsten wirst du die Aufgaben nicht lösen können. Keine Sorge, wie du dich richtig auf die Klausuren vorbereitest, kommt noch.

Da die Analyse- bzw. Anwendungsaufgabe einer jeden Klausur den größten Teil der Punkte hergibt, solltest du dich dementsprechend vorbereiten und der Analyse in der Klausur auch den gebührenden Platz einräumen.

3. Aufgabe: Urteilsbildung/Reflexion

Die dritte und letzte Aufgabe in jeder gesellschaftswissenschaftlichen und fremdsprachlichen Klausur stellt die eigenständige Bewertung dar. Hier möchte dein Lehrer testen, inwiefern du in der Lage bist, eine eigene Meinung zu einem Thema zu entwickeln, und wie überzeugend du sie vertreten kannst. Es geht hier vor allem darum, Fakten zu benennen und daraus deine Schlüsse zu ziehen.

In naturwissenschaftlichen Fächern und Mathe werden hingegen Aufgaben abgefragt, die du im Unterricht noch nicht behandelt hast, aber mit deinem bisherigen Wissen erschließen kannst. Mach dir keine Gedanken! Wenn du alles im Unterricht wunderbar verstehst, dann wirst du diese Aufgabe immer lösen können!

Auf die Frage antworten

Im Gegensatz zu den vorherigen Aufgaben ist dein Gestaltungsraum bei der Diskussionsaufgabe erheblich größer. Aber Vorsicht! Meist sind die Beurteilungsfragen sehr präzise formuliert. Wenn dein Geografie-Lehrer fragt, wie man die soziale und wirtschaftliche Lage im Kongo verbessern könnte, dann kannst du ruhig erklären, warum man die Ausbeutung der Bodenschätze des Kongos verhindern sollte. Du solltest aber nicht abdriften und darüber schreiben, wie westliche Länder die Welt ausbeuten. Das kann zwar deine Meinung sein, sie beantwortet aber nicht die gestellte Frage. Beantworte wirklich nur die gestellte Frage und nicht diejenige, die du gern beantworten möchtest.

Logisch argumentieren

Dein Lehrer möchte vor allem auch sehen, dass du logisch begründen kannst. Das heißt, er möchte, dass du für deine Meinung immer auch mindestens ein Argument bzw. einen Beleg anführst und dass deine Meinung auch nachvollziehbar aus deinem Argument hervorgeht. Am besten startest du deine Paragrafen jeweils mit einer deiner Aussagen und führst anschließend die Argumente an, die dich zu dieser Aussage veranlassen.

Ein Absatz könnte, um beim Kongo zu bleiben, folgendermaßen aussehen:

Ich glaube, dass die soziale und wirtschaftliche Lage im Kongo unter anderem verbessert werden könnte, indem die Abhängigkeit von westlichen Staaten gemindert würde. Zurzeit befinden sich die Unternehmen, die die natürlichen Ressourcen des Kongo verarbeiten, mehrheitlich im Besitz ausländischer Investoren. Würden einheimische Unternehmen und der Staat mehr Anteile an den Unternehmen halten, würden vermutlich mehr Steuern im Inland gezahlt werden. Diese Gelder könnten in den Ausbau der sozialen und verkehrstechnischen Infrastruktur und in den Ausbau des Bildungssektors gesteckt werden. Durch höherqualifizierte Arbeiter und eine verbesserte Infrastruktur könnten wiederum neue Jobs im höheren Lohnsegment geschaffen werden, die wiederum den Wohlstand des Landes vergrößern.

Genauso gut kannst du auch argumentieren, dass der Kongo mehr ausländische Investoren anziehen sollte. Solange du logisch und nachvollziehbar argumentierst, kannst du fast alles schreiben, was du willst.

KEINE EXTREMPOSITIONEN

Ich habe bewusst geschrieben, dass du fast alles schreiben kannst. Abraten möchte ich aber auch hier von Extrempositionen, die weit vom gesellschaftlichen Konsens abgerückt sind. Du solltest beim Kongo zum Beispiel nicht schreiben, dass die Kongolesen durch ihre Kultur oder Rasse dazu verdammt sind, niemals Wohlstand schaffen zu können. Selbst wenn du so denkst und sogar meinst, das begründen zu können: Politisch inkorrekte Thesen solltest du niemals in der Schule vertreten. Damit hast du die 15 Punkte sofort verloren.

Richtige Vorbereitung auf eine 15-Punkte-Klausur

Bevor ich damit loslege, wie du dich extrem effektiv auf Klausuren vorbereiten kannst, möchte ich dir zunächst einmal den typischen Lernvorgang des typisch durchschnittlichen Schülers zeigen. In den zwei Jahren Abiturphase ist mir dieser Lernvorgang sehr häufig begegnet, obwohl er komplett ineffizient ist. Nennen wir unseren Schüler mal Max und schauen uns an, wie er lernt. Es geht ungefähr so:

Eine Woche vor der Bio-Klausur holt Max den Bio-Hefter raus und überfliegt ihn. So bekommt er einen Eindruck davon, was er für die Klausur können muss. Am nächsten Tag holt er wieder seinen Bio-Hefter raus und liest sich alle Blätter diesmal etwas aufmerksamer durch. Einen Tag später liest er die ersten drei Blätter im Hefter mehrmals aufmerksam durch und versucht sich alles zu merken. Tags darauf nimmt er sich die nächsten drei Blätter vor und macht genau dasselbe: Er liest sie immer wieder und wieder und wieder und versucht sich dabei alles zu merken. Und so hält er es auch bis zur Klausur. Am Abend davor liest er noch einmal alle Blätter, die er im Hefter hat, und versucht wieder, sich alles zu merken. Max geht am nächsten Tag in die Klausur. Auf die meisten Fragen hat er eine Antwort parat. Er hat ja schließlich den Hefter gelesen. Zwei Wochen später: Die Klausur wird zurückgegeben und es springt für Max eine 2 raus. Wie immer. Manchmal wird es auch eine 3 oder 4. Und Max denkt sich: Egal wie viel ich lerne, am Ende kommt bestenfalls irgendwie doch immer nur eine 2 raus.

Wenn du so ähnlich lernst oder auch das Gefühl haben solltest, dass es, egal wie viel du lernst, nie für eine 1 oder 1+ reicht, dann kann ich dich sofort beruhigen: Es hat nichts mit deiner Intelligenz zu tun. Du lernst einfach nicht effektiv! Deine mittelmäßigen Noten kommen daher, dass du wie ein mittelmäßiger Schüler lernst. Die gute Nachricht dabei ist, dass du, wenn du deine Art und Weise zu lernen verbesserst, auch deine Noten merklich verbesserst.

Im Folgenden bekommst du nun alle meine Erkenntnisse, wie man sich mit maximaler Effektivität auf eine Klausur vorbereitet. Einige Dinge wirst du vielleicht schon wissen und selbst anwenden, andere werden neu für dich sein. Betrachte die folgenden Seiten als einen Leitfaden, von der allerersten Vorbereitung für die spezielle Klausur bis zum Abend vor der Klausur und darüber hinaus.

Mitkommen

Bevor du überhaupt anfängst, dich auf die Klausuren vorzubereiten, solltest du auf jeden Fall im Unterricht den Stoff verstehen. Da du ja bereits gelernt hast, wie du mündlich eine 1 bekommst, und zu Hause effektiv arbeitest, sollte das kein Problem für dich darstellen; du bist, wenn du hier alles anwendest, immer auf dem Laufenden mit dem Unterrichtsstoff. Dabei musst du nicht zwangsläufig jedes Detail kennen oder dich an alle Theorien genau erinnern. Es reicht, dass du die ganzen Theorien etc. einmal wirklich verstanden hast und, wenn du sie dir noch einmal anguckst, wieder genau weißt, wie das funktioniert. Es darf kein einziges kleines Thema geben, das du nicht gut verstanden hast. Dadurch ersparst du dir das Gefühl von Hilflosigkeit und der Angst, dass du den Stoff nicht verstehen könntest. Im Gegenteil, du wirst selbstbewusst sein und wissen, dass du im Prinzip alles kannst und es eigentlich leichter Stoff ist. Du musst ihn nur wiederholen, und dir ist die 1 gewiss.

Im Folgenden zeige ich dir, wie ich den Stoff wiederholt habe.

Wann anfangen mit Vorbereitungen?

Wann du anfängst, hängt vom Schwierigkeitsgrad und Umfang des zu lernenden Materials ab. In einigen Fächern, wie zum Beispiel Kunst, reichte es, wenn ich zwei Tage vor der Klausur anfing zu lernen. In Biologie musste ich bis zu zehn Tage vorher mit dem Lernen anfangen.

Ich persönlich halte es für blödsinnig, bereits zwei oder drei Wochen vor einer Klausur mit dem Lernen anzufangen. Wenn du meinen ersten Schritt – mitkommen – beachtest, brauchst du das nicht, denn dann verstehst du den Stoff grundlegend. Wozu drei Wochen früher anfangen, wenn man die Details entweder sowieso wieder vergisst oder aber jeden einzelnen Tag den bereits gelernten Stoff noch einmal wiederholen muss, um alles zu behalten? Und meist kommen ja auch noch andere Klausuren dazwischen. Wenn Deutsch in drei Tagen ansteht, ist es sinnlos, schon für Geografie zu lernen, wo die Klausur erst zwei Tage später geschrieben wird. Es ist Blödsinn, alles »so ein bisschen« zu lernen. Dann kriegst du auch überall nur ein bisschen Punkte.

Viel effektiver ist es, wenn du dich mit einem Laser-Fokus für jede einzelne Klausur vorbereitest. Steht Mathe übermorgen an? Dann lerne ausschließlich Mathe! Selbst wenn du zwei Tage später Chemie schreibst. Nachdem du Mathe gelernt hast, konzentrierst du dich zwei Tage lang ausschließlich auf Chemie. Das bedeutet aber nicht, dass du, während du für Mathe gelernt hast, nicht schon bestimmte Vorbereitungen in Chemie getroffen hast.

In jedem Fach, in dem eine Klausur ansteht, solltest du spätestens eine Woche vor der Klausur möglichst genau herausfinden, was drankommt. Es hat überhaupt keinen Sinn, einfach alles zu lernen, was im Ordner steht. Es ist viel zu viel zu merken, und es ist Zeitverschwendung, jedes Blatt ausführlich zu lernen. Stattdessen findest du heraus, was wirklich wichtig ist, indem du zunächst einmal in deinen vorbildlich geführten Ordner schaust und überprüfst, welche Themen ihr im Unterricht bereits behandelt habt.

Das »große Ganze« erkennen

Zunächst einmal ist es unglaublich wichtig, das »große Ganze« des Semesters zu erkennen. Damit meine ich das Oberthema des Semesters und die verschiedenen Unterthemen. Das Oberthema solltest du ziemlich leicht herausfinden können. In Geografie könnte es zum Beispiel »Global Megacities« sein, in Deutsch »Literatur der Aufklärung«. Meist ist das Oberthema ohnehin das offizielle Thema des Semesters, das auch im Rahmenlehrplan des Bundeslandes zu finden ist, es sollte also leicht zu identifizieren sein. Vielleicht hat dein Lehrer aber von diesem Themengebiet nur einen spezifischen Teil als Thema ausgewählt und den Rest des eigentlichen Semesterthemas vernachlässigt.

Hast du das Oberthema festgenagelt, gilt es, die relevanten Unterthemen ausfindig zu machen. Schau dir dafür am besten die Titel aller Arbeitsblätter an und identifiziere, zu welchem Unterthema sie gehören. Daraus brauchst du keine Wissenschaft zu machen. Du musst die einzelnen Unterthemen nicht ganz exakt benennen, sondern die Arbeitsblätter grob in verschiedene Gruppen unterteilen. Das Ganze sollte dich nicht mehr als eine Stunde kosten. Erstelle am besten eine thematische Übersicht, die zum Beispiel in Geografie so aussehen könnte:

- Oberthema: Global Megacities
- Unterthemen: Segregation, Armut, internationale Vernetzung der Stadt, Wirtschaftsstruktur, Sozialstruktur, Landflucht-Problematik, ökologische Problematik

Überprüfe im nächsten Schritt, wie viel Zeit ihr den einzelnen Unterthemen gewidmet habt und wie detailreich ihr sie behandelt habt, welche Aufgaben und Fragestellungen bearbeitet wurden.

Bleiben wir mal beim Thema Global Megacities: Ich habe in meinem Ordner überprüft, wie viele Mitschriften und wie viele Arbeitsblätter ich zu den jeweiligen Unterthemen erhalten habe. Dabei habe ich festgestellt, dass wir viel über die Wirtschaftsstruktur und die Segregation gelernt, aber nur ein Blatt zur internationalen Vernetzung der Global Megacities bekommen hatten und nur zwei Blätter zur ökologischen Nachhaltigkeit. Auch erinnerte ich mich daran, dass wir im Unterricht jeweils nur eine Stunde über Nachhaltigkeit und eine Stunde über die internationale Vernetzung geredet hatten und andererseits sehr ausführlich Segregation und Wirtschaftsstruktur behandelt wurden. Worauf schließe ich daraus also? Richtig! Segregation und Wirtschaftsstruktur werden in der Klausur wichtig sein, Nachhaltigkeit und internationale Vernetzung werden nur als Randthemen erscheinen. Das ist wichtig zu wissen, damit du später nicht unnötig viel über Nachhaltigkeit und internationale Vernetzung lernst, sondern innerhalb des großen Themas Global Megacities differenzierst und nur das lernst, was auch für die Klausur relevant ist.

Nachbohren

Nicht immer wird dir die Einschätzung natürlich so leicht fallen wie hier in meinem Beispiel Geografie. Wenn du dir unsicher bist, dann bohre bei deinem Lehrer nach. Manche Lehrer sprechen das Thema von sich aus im Unterricht an und lassen auch Fragen zur Klausur zu. Wenn nicht, suche ihn eben nach der Stunde auf und stelle deine Fragen.

Wichtig ist, dass du dir vorher genau anschaust, was ihr bereits gelernt habt, damit du dem Lehrer präzise Fragen stellen kannst; bereite sie schriftlich vor. Die schlechteste Frage wäre: Was kommt in der Klausur dran? Da fragt sich jeder Lehrer, ob du eigentlich irgendwann in den letzten Wochen auch mal aufgepasst hast. Eine gute Frage wäre: Wie genau müssen wir über die ökologischen Aspekte einer Megacity informiert sein? Wird der Schwerpunkt der Klausur auf der Wirtschaftsstruktur einer Megacity liegen?

Dabei solltest du aber selbstverständlich intelligent vorgehen. Wenn du siehst, dass der Lehrer in Eile ist, dann sprich ihn natürlich nicht an. Sitzt er hingegen bequem und scheint keine Anschlussstunde in einer anderen Klasse zu haben, dann kannst du höflich deine Fragen stellen. Wichtig ist, dass du wirklich sehr genau herausfindest, was in der Klausur wichtig sein wird. Denn Lernen hat erst Sinn, wenn du genau weißt, was du lernen musst. Du wirst erstaunt sein, wie viel »Geheiminformationen«

dir Lehrer geben, wenn du sie außerhalb des Unterrichts aufsuchst und nachfragst, was drankommen wird. Du wirst in jedem Fall mehr Informationen haben als deine Mitschüler.

Alte Klausuren besorgen

Klausuren des Lehrers aus den vergangenen Jahren sind unermesslich hilfreich. Wenn du es schaffst, dir alte Klausuren zu besorgen, dann musst du nur halb so viel lernen und schreibst trotzdem deutlich bessere Noten, das verspreche ich dir. Mit ihrer Hilfe kannst du noch einmal besser einschätzen, welche Themen mit einer sehr hohen Wahrscheinlichkeit drankommen werden (die meisten Lehrer bleiben bei ihren Schwerpunkten) und welche eher unwichtig sind, nämlich die, die in der Klausur des letzten Jahres gar nicht drankamen und die ihr auch nur peripher im Unterricht behandelt habt.

Natürlich fragst du nicht den Lehrer nach alten Klausuren. Der soll das möglichst nicht mitbekommen! Sonst ändert er unter Umständen seine Klausuren rigoros, damit niemand einen Vorteil hat. Frage stattdessen ältere Schüler nach ihren alten Klausuren. Vielleicht hast du Glück und hast ältere Geschwister, die denselben Lehrer schon im Unterricht hatten, oder Freunde kennen jemanden, der bei dem Lehrer bereits die Klausur zu diesem Thema geschrieben hat. Wenn nicht, musst du es eben auf die harte Tour machen und ältere Schüler ansprechen. Das mag einige Überwindung kosten, aber da musst du durch. Lass dich wenn möglich von einem gemeinsamen Bekannten kurz vorstellen. Ansonsten, Mut zusammennehmen und los!

Ich bin dabei meist wie folgt vorgegangen: In Hofpausen oder Mittagspausen habe ich Schülergruppen angesprochen, von denen ich wusste, dass sie im Jahrgang über mir waren. Ich habe ihnen erzählt, dass ich Klausur X bei Lehrer Y schreibe und dass mir ein wenig bange ist, weil ich überhaupt nicht weiß, was mich da erwartet, und ob mir nicht einer kurz etwas über die Klausuren bei diesem Lehrer sagen kann. Meist sind die Leute sehr hilfsbereit – sie hatten ja vor einem Jahr ähnliche Sorgen. Man hört ihnen aufmerksam zu, und am Ende fragt man, ob nicht einer der

Gruppe zufällig noch die alte Klausur hat. Wenn ja, Jackpot! Wenn nicht, habe ich nachgehakt und gefragt, ob sie jemanden kennen, der die Klausur noch haben könnte; war die Antwort Ja, habe ich denjenigen gefragt. Die Mühe lohnt sich definitiv! Denn die alte Klausur ist das mächtigste Vorbereitungswerkzeug!

Ich fasse noch einmal kurz zusammen, wie du den Lernstoff eingrenzen kannst:

1. In den Ordner schauen: Identifiziere mithilfe deines Ordners das Oberthema und die Unterthemen und kläre, wie viele Arbeitsblätter, Mitschriften du jeweils zu den Unterthemen hast.
2. Lehrer fragen: Wenn du dir nicht sicher bist, wie wichtig welches Thema für die Klausur ist, frag deinen Lehrer.
3. Alte Klausuren durchsehen: besorge dir von älteren Schülern die Klausuren, die der Lehrer letztes Jahr über dieses Thema schreiben ließ, und finde heraus, was letztendlich wirklich abgeprüft wurde.

Zusammenfassen

Bevor es ans tatsächliche Lernen geht, solltest du so einen ziemlich klaren Überblick gewonnen haben, was für die Klausur relevant ist und was weniger und welche Blätter du vielleicht auch überhaupt nicht zu lernen brauchst. Wenn es ein oder zwei Themen gibt, bei denen du dir immer noch nicht ganz sicher bist, dann frag noch einmal deinen Lehrer oder sprich mit deinen leistungsstärksten Mitschülern und frage, ob sie das lernen oder nicht. Wichtig ist, dass du nicht irgendeinen mittelmäßigen oder nur guten Schüler fragst, einfach nur weil du mit ihm befreundet bist.

Nachdem du also exakt weißt, welcher Stoff wie wichtig für die Klausur ist, mach dich an das Zusammenfassen des Hefters. Einer der größten Fehler, den Schüler machen, ist es, einfach nur den Hefter durchzublättern und dabei zu versuchen, sich jedes Blatt möglichst gut zu merken. Diese Taktik wird nie funktionieren. Stattdessen erstelle dir eine Zusammenfassung für jedes Fach.

Der gesamte Prozess des Zusammenfassens mit all seinen Schritten kann ziemlich zeitaufwendig sein; in geisteswissenschaftlichen Fächern zum Beispiel hast du dadurch aber bereits über 50% deiner kompletten Vorbereitung für die Klausur erfüllt.

Längere Texte zusammenfassen

Manchmal bekommst du im Unterricht schon Materialien, die du wunderbar auswendig lernen kannst – etwa ein Wirkungsschema in Biologie oder eine Ursachenübersicht des Krieges im Fach Geschichte. Ist dieses Material wirklich relevant für die Klausur, so kannst du es eins zu eins in deinen Lernhefter übernehmen.

Komplizierter ist das Zusammenfassen von längeren Texten. Es muss aber sein; immer wieder die Texte vor der Klausur durchlesen bringt nichts, auch wenn die meisten Schüler das unter Lernen verstehen. Es ist reine Zeitverschwendung. Filtere stattdessen die wirklich relevanten Stichpunkte, Abschnitte, Zahlen aus dem Text heraus und schreibe die Informationen auf ein gesondertes Blatt. Wenn du dich gut darüber informiert hast, was in der Klausur wichtig sein wird, dann solltest du an diesem Punkt effektiv unterscheiden können, welche Informationen aus den Texten relevant und welche unwichtig sind. Benutze dabei die Fachbegriffe und auch die gut klingenden Ausdrucksweisen, die du im Lernmaterial vorfindest. Dadurch sammelst du später Pluspunkte durch äußerst funktionalen Umgang mit der Fachsprache.

Hast du die Informationen des Textes erst einmal zusammengefasst, dann nimmst du nur diese Zusammenfassung in deinen Lernordner. In der Praxis kann es durchaus vorkommen, dass du aus einem Text 30 Stichpunkte entnehmen musst, weil so viel Relevantes drinnen steht, und du dafür andere Texte komplett verwerfen kannst. Als Faustregel kann man sagen, dass die Zusammenfassung auf maximal 20% der Informationen in deinem Materialordner gekürzt sein sollte. Verabschiede dich unbedingt von dem Gedanken, dass du alles lernen musst. Es ist schlicht und ergreifend nicht wahr, und du tust dir selber keinen Gefallen, wenn du dich zu intensiv mit Nebensächlichem beschäftigt. Lerne nur die Dinge, die für die Klausur relevant sind. Diese dann aber auch bis ins letzte Detail!

Zusammenfassung in Geisteswissenschaften

Hierzu zählen Fächer wie Geschichte, Philosophie, Religion, Sozialkunde, Geografie etc. In diesen Fächern liegt der Kompetenzschwerpunkt vor allem auf dem Verständnis von sehr viel Materie. Hier wirst du typischerweise viele Materialien bekommen, viele Texte lesen und dir viele Fakten und Details merken müssen. Weniger wichtig ist es hier, dass du dein Wissen auf viele verschiedene Aufgaben anwenden kannst. In geisteswissenschaftlichen Fächern wird vor allem nach verstandenem, auswendig gelerntem Wissen gefragt.

In Geschichte musst du, wenn es zum Beispiel um den Ersten Weltkrieg geht, Jahreszahlen, Vertragsbestimmungen, Ursachen und den Verlauf kennen. Wenn du verstanden hast, aus welchen Gründen es zum Krieg gekommen ist, wie er verlaufen ist und wann und warum er geendet hat, und das alles eindrucksvoll mit auswendig gelernten Zitaten, Jahreszahlen und Vertragsbestimmungen belegen kannst, dann hast du gewonnen. In Philosophie musst du vielleicht die Position eines Philosophen zu einem bestimmten Thema verstehen. Wichtig ist hier, dass du nicht nur verstehst, was der Philosoph darüber denkt, sondern dass du das auch schriftlich und detailreich formulieren kannst. Und dafür muss man vor allem auswendig lernen!

Stell dich also schon einmal mental darauf ein, dass du in geisteswissenschaftlichen Fächer viele Seiten Zusammenfassungen haben wirst, die du eins zu eins so auswendig lernen musst. Das Verständnis ist aber, wie gesagt, auch sehr wichtig. Denn wenn du das auswendig Gelernte nicht verstehst, kannst du es nicht anwenden. In Geisteswissenschaften wirst du im Vergleich zu naturwissenschaftlichen und sprachlichen Fächern am meisten auswendig lernen müssen.

Zusammenfassungen in Mathe, Technik, Naturwissenschaften

In Mathe und naturwissenschaftlichen Fächern wirst du typischerweise nicht besonders viele Lernblätter bekommen haben. Hier kommt es darauf an, die wichtigsten Werkzeuge zu sammeln. In Mathematik werden es einige wenige Formeln und ein paar Grundsätze sein. In Physik kannst du zum Beispiel alle Formeln sammeln, die ihr im Laufe des Schuljahres benutzt habt, inklusive der Umformungen komplizierterer Formeln, und dir bestimmte Lehrsätze einprägen, die zentral für das Thema sind. In diesen Fächern wird der Fokus beim Lernen sehr stark auf der Anwendung liegen.

Das heißt für die Vorbereitung: Übungsaufgaben machen und noch mal Übungsaufgaben machen. Oder hast du schon einmal eine Klassenarbeit in Mathe geschrieben, in der du keine Aufgaben bekommen hast, sondern lange Texte schreiben solltest? In deinen Hefter mit den Zusammenfassungen solltest du auch viele Übungsaufgaben nehmen, da du mit diesen später auf eine bestimmte Art und Weise lernen wirst, die ich noch vorstellen werde.

Zusammenfassung in sprachlichen Fächern

In Deutsch, Englisch, Französisch, Spanisch etc. wirst du Texte schreiben, inhaltliches Wissen ist weniger wichtig. Bei der Zusammenfassung in sprachlichen Fächern ist es deshalb zentral, die Struktur des Texts zu kennen, den du in der Klausur schreiben sollst.

Wenn ihr eine Erörterung in Deutsch schreibt, dann musst du unbedingt die Struktur eines solchen Texts auswendig kennen. Die Strukturübersicht des Klausurtexts muss also unbedingt Teil deiner Zusammenfassung werden. Allein ein gut strukturierter Text bringt schon eine deutlich bessere Note! Wenn eurer Klausur ein bestimmtes literarisches Werk zugrunde liegt, ist es natürlich auch wichtig, dass du mit diesem Werk auf vertrautem Fuß stehst, d. h. Inhalt, Entstehungsgeschichte, Epoche etc. kennst und weißt, welche Zusammenhänge zwischen dem Werk und seiner Zeit bestehen.

Wenn du nun alle Texte, alle Diagramme, Schaubilder, Mitschriften etc. fachgerecht zusammengefasst hast, dann hast du jetzt ein paar Blätter, wo alles Wesentliche draufsteht. Je nach Lernaufwand in dem Fach können das nun zehn (z. B. in Biologie) oder nur zwei Blätter sein (z. B. alle in Mathe vorkommenden Regeln).

Bis zu diesem Schritt solltest du eine Woche vor der Klausur gelangt sein. Jetzt weißt du schon sehr genau, was in der Klausur abgefragt wird, und hast diesen Stoff kompakt zusammengefasst.

Üben, Üben , Üben

Als Nächstes musst du dir den Stoff so einprägen, dass du ihn auch in der Klausur wiedergeben kannst. Wegen der verschiedenen Anforderungsbereiche musst du ihn auswendig beherrschen (Anforderungsbereich I Wissen), anwenden bzw. verstehen (Anforderungsbereich II Analyse) und bewerten können (Anforderungsbereich III).

Im Prinzip bedeutet das: den Stoff verstehen, damit du ihn anwenden kannst, und auswendig lernen. Zur Bewertung komme ich später noch einmal.

Beim Lernen muss man unbedingt nach den verschiedenen Fächertypen differenzieren!

Geistes- und Gesellschaftswissenschaften

Tendenziell reicht es in geistes- und gesellschaftswissenschaftlichen Fächern, die Zusammenfassungen – die sehr detailliert nur die wichtigen Themen beinhalten – einfach nur auswendig zu lernen. Du musst aber alles bestens verstehen, was du auswendig lernst. Es wäre total dämlich, in, sagen wir mal, Geschichte Beispielaufgaben zu bearbeiten. Diese Fächer sind lerntechnisch sicherlich die einfachsten. Hier lässt sich durch klassisches Pauken sehr viel erreichen. Zu diesen Fächern, in denen man den verstandenen Stoff einfach nur auswendig zu lernen braucht, zählen Geografie, Geschichte, Philosophie, Religion, Sozialkunde etc.

Typischerweise sind die Zusammenfassungen hier am umfangreichsten. Bitte kein Halbwissen! Lerne nicht oberflächlich! Stelle sicher, dass du jeden Teil deiner Zusammenfassungen sehr gut verstehst, und lerne auch den letzten Stichpunkt auswendig. Präge dir auch die Fachwörter ein. Durch sie kriegst du eine deutlich bessere Note, denn du wirkst wie ein wahrer Experte auf dem Gebiet.

Mathematik, Technik, Naturwissenschaften

Hierzu zählen Mathe, Physik, Chemie, Biologie, Informatik etc. In diesen Fächern wird es typischerweise nicht allzu viele Texte geben, und die Zusammenfassungen werden – abgesehen von Biologie – relativ kurz ausfallen. Nichtsdestotrotz sollte man aber unbedingt zum Beispiel die wichtigsten Formeln aus dem Unterricht gesammelt haben. Selbst wenn ihr während der Klausur ein Tafelwerk oder eine Formelsammlung benutzen dürft, ist es smarter, wenn du die Formeln und vor allem auch die Umformungen komplizierterer Formeln zu Hause bereits vorgelernt hast. Dadurch sparst du dir eine Menge Zeit und Sucharbeit während der Klausur, die du nutzen kannst, um die anspruchsvollsten Aufgaben zu knacken!

In den »harten« Fächern solltest du aber definitiv den Hauptteil der Zeit nicht zum Lernen der Formeln aufwenden. In diesen Fächern zählt nur eins: anwenden! Rechnen, rechnen, rechnen! Anwenden, anwenden, anwenden! Die paar Formeln auswendig zu lernen sollte nicht länger als ein bis zwei Stunden dauern. Danach nimm dir Übungsaufgaben vor. Du musst auch hier selbst auswählen, welche Aufgaben in ähnlicher Form in der Klausur drankommen könnten und welche eher irrelevant sind.

Meine Mathe-Lehrerin hat uns einen verblüffend einfachen, aber unheimlich effektiven Trick verraten, mit dem man sich sehr gut in Mathe vorbereiten kann. Ich habe ihn während meiner gesamten Oberstufenzeit in Mathematik und Physik angewandt und hatte immer mindestens eine glatte 1. Er geht so: Du deckst die Lösung der Aufgabe komplett ab und bearbeitest sie auf einem leeren Blatt Papier. Danach deckst du die Lösung auf und vergleichst, ob du alles richtig gemacht hast. Der riesige

Vorteil hierbei ist, dass du dich exakt derselben Anforderung wie in der Klausur stellen musst; du musst selbst nachdenken, wie du die Aufgabe löst. Wenn du einmal einen Ansatz für die Aufgabe gefunden hast, musst du sie auch bis zum Ergebnis korrekt durchrechnen und keine Fehler zwischendurch machen. Denn genau diese Kompetenz wird in der Mathe/Technik/Nawi-Klausur getestet.

Wenn du die Technik ausprobierst, wirst du vor allem am Anfang immer wieder mal vor dem leeren Blatt Papier sitzen und überhaupt nicht wissen, was zu tun ist. Das ist völlig normal! Ich saß anfangs genauso planlos vor den Übungsaufgaben. Wichtig ist, dass einen die Ahnungslosigkeit nicht frustriert. Dann deckst du eben die Lösung auf und versuchst sie zu verstehen. Warum dieser Ansatz? Was sind die einzelnen Rechenschritte? Nachdem du dir die Aufgabe angeschaut hast, deckst du sie wieder ab und versuchst es erneut. Aus Erfahrung weiß ich, dass man beim 2. Versuch zwar den richtigen Ansatz benutzt, aber dann beispielsweise Fehler bei der Umstellung der Formel macht und deshalb kein richtiges Ergebnis bekommt. In diesem Fall musst du die Lösung wieder aufdecken, verstehen, wo dein Fehler lag, das Lösungsblatt wieder abdecken und es erneut von vorn probieren. Mach das so lange, bis du jede Aufgabe im Schlaf richtig lösen kannst!

Idealerweise bist du in der Klausur so weit, dass du bei jeder Aufgabe, die du dir durchliest, sofort weißt, mit welchem Lösungsansatz du an die Sache herangehen musst. Langes Grübeln in der Klausur sollte der Vergangenheit angehören.

Sprachliche Fächer

In Deutsch wirst du kurz vor der Klausur nicht mehr viel tun können. Hier ist es sehr wichtig, dass du bereits in den Monaten zuvor an deinen Texten gefeilt hast. Rechtschreibung, Zeichensetzung, Grammatik, Stil, Vokabular und Satzbau kannst du nur verbessern, indem du regelmäßig schreibst und Feedback von deinem Lehrer verarbeitest.

Ich empfehle dir dringend, ein paar Wochen vor der Klausur deinem Lehrer einen Probetext zur Korrektur einzureichen. Meine Deutschlehrerin hat dies immer von sich aus angeboten und mir damit unendlich geholfen. Falls dies bei dir nicht der Fall ist, kannst du trotzdem auf eigene Faust deinen Lehrer höflich fragen, ob er nicht einmalig deinen Text korrigieren kann. Ich bin mir sicher, dass die meisten Lehrer das machen, wenn man freundlich fragt. Wenn er Nein sagt, nun gut, nicht zu ändern, aber du hast es zumindest probiert.

Kurz vor der Klausur kannst du das Kontextwissen zu der Klausur auswendig lernen. Wenn beispielsweise Emilia Galotti das Thema deiner Erörterungsklausur ist, dann kannst du zum Beispiel Zusammenfassungen zum Beziehungsgeflecht der Figuren, über den Hintergrund des Autors und über die Epoche, in der das Werk geschrieben wurde, auswendig lernen – je nachdem, welches Kontextwissen dein Lehrer von dir erwartet. Du solltest außerdem eine Vokabelliste anfertigen und auswendig lernen, in der du Fachwörter und gut klingende Formulierungen sammelst. In der Klausur kannst du diese Wörter dann an passenden Stellen in deinen Text einbauen und den Lehrer mit deiner Wortwahl beeindrucken.

In Fremdsprachen läuft die Vorbereitung sehr ähnlich ab. Hier solltest du auch möglichst das gesamte Semester über an deinen Schreibfähigkeiten arbeiten. Vor der Klausur kannst du noch einmal die wichtigsten thematischen Vokabeln zusammentragen und auswendig lernen. Es empfiehlt sich hier außerdem, eine Liste mit gut klingende Formulierungen zu erstellen. In Englisch wären das beispielsweise Ausdrücke wie »to pave the way«, »most talked about, though divisive« etc. Auch hier kannst du natürlich noch vom Umfang her kleinere inhaltliche Zusammenfassungen des Semesterthemas, zum Beispiel Bürgerrechtsbewegung in Amerika oder was immer es ist, erstellen und auswendig lernen.

Zeitmanagement

Hier findest du noch einmal eine Übersicht darüber, wie ich mir die Zeit vor einer Klausur eingeteilt und was ich wann erledigt habe:

In Geisteswissenschaften:

Bis zwei Wochen vor der Klausur erledigt:

- alte Klausur besorgt
- alles im Unterricht verstanden, auch wenn du es dir nur oberflächlich gemerkt hast

Bis eine Woche vor der Klausur erledigt:

- Hefter durchgegangen und dabei Oberthema und Unterthemen festgestellt. Herausgefunden, welche Informationen im Hefter relevant sind
- mit Lehrern meine Fragen geklärt, welche Themen wie relevant für die Klausur sein werden
- nachgeschaut, was in der alten Klausur tatsächlich abgefragt wurde
- basierend auf diesen Erkenntnissen einige Seiten Zusammenfassungen erstellt

Einen Tag vor der Klausur erledigt:

- Zusammenfassungen auswendig gelernt (je nach Anzahl der Lernblätter habe ich drei Tage oder auch nur drei Stunden am Abend davor auswendig gelernt)

In Mathe/Technik/Naturwissenschaften:

Bis zwei Wochen vor der Klausur:

- alte Klausuren besorgt
- im Unterricht alles verstanden, und bei Hausaufgaben konntest du es auch anwenden

Bis eine Woche vor der Klausur:

- Zusammenfassung erstellen mit den wichtigsten Formeln, Gleichungen, Lehrsätzen, Informationen etc.
- die schwierigen Übungsaufgaben aus dem Unterricht mitsamt Lösungen zu den Zusammenfassungen ergänzen

Bis einen Tag vor der Klausur:

- Üben, üben, üben mit der Abdeckmethode (Lösung und Lösungsweg verdecken, selber rechnen/schreiben etc. und dann mit der Lösung vergleichen)
- alte Klausuren mit der Abdeckmethode bearbeiten
- Zusammenfassung auswendig lernen

In sprachlichen Fächern:

Bis eine Woche vor der Klausur:

- alte Klausuren besorgt
- Aufbau/Struktur des Klausurtexts bestens verstehen
- Hefter zusammenfassen (im Vergleich zu Geisteswissenschaften eher kurze Zusammenfassung)

- Probetext/Probeklausur schreiben und vom Lehrer korrigieren lassen
- Vokabelliste erstellen mit Fachwörtern und schönen Formulierungen, die du in der Klausur verwenden möchtest

Bis einen Tag vor der Klausur:

- Genaue Fehleranalyse des Probetexts und Beheben der Fehler
- Text erneut schreiben, dabei besonders darauf achten, die Fehler zu vermeiden
- Vokabelliste und Zusammenfassungen auswendig lernen

Wenn du dir unter einem der Punkte nicht richtig etwas vorstellen kannst, dann gehe noch einmal ein Kapitel zurück, wo ich all die Punkte in der Übersicht ausführlich erläutert habe, und lies dort noch einmal nach.

Generelle Tipps zum Lernen

Umgehe die Ist-Ja-Ganz-Einfach-Falle

Die Ist-Ja-Ganz-Einfach-Falle hat mich selbst in der zehnten Klasse immer wieder erwischt, und ich beobachtete auch, wie meine Mitschüler denselben Fehler immer und immer wieder machten. Die Falle funktioniert ungefähr so: Man kommt das ganze Jahr lang nicht so richtig mit in einem Fach und plötzlich stehen die Klausuren an. Verzweifelt fängt man am Abend vorher mit dem Lernen an. Nach etwa einer Stunde Wirrwarr beginnt man plötzlich, die wichtigsten Dinge aus dem Unterricht zu kapieren. Es kommt ein Gefühl der Erleichterung auf, bei manchen vielleicht sogar ein Gefühl der Euphorie. Man denkt, dass das Thema ja eigentlich voll einfach ist. Man geht die leichten Beispiele aus dem Hefter durch und versteht das meiste. Entspannt klappt man den Hefter zu und widmet sich spaßigeren Dingen – man hat ja schließlich alles verstanden.

Am nächsten Tag in der Klausur kriegt man dann die Rechnung serviert: Die Aufgaben scheinen entweder völlig unlösbar (in Mathe, Physik, Chemie), oder aber man schreibt die Klausur (z. B. Deutsch, Geschichte, Geografie) und wundert sich über die 3, wenn die Klausur wieder zurückgegeben wird.

Gib dich niemals mit dem reinen Verstehen der wichtigsten Dinge zufrieden! Verstehe immer alles – auch die kompliziertesten Aufgaben in Mathe. Und rechne sie 100-fach durch, wenn es sein muss.

Lerne fachabhängig

In Mathe kannst du noch so viele Formeln auswendig kennen und verstanden haben, wenn du vor der Klausur nicht übst oder nur die leichten Aufgaben rechnest, dann wirst du in der Klausur ahnungslos vor den schwierigeren Aufgaben sitzen. Rechne also auch die schweren Aufgaben aus dem Unterricht und vor allem alte Klausuren komplett durch!

Wenn du den Stoff in einer Geisteswissenschaft verstanden hast, hilft es dir wenig, wenn du die Aufgaben im Übungsbuch schriftlich beantwortest. Denn die dienen nur dem Verständnis. Stattdessen solltest du sehr detailreich auswendig lernen.

In Sprachen ist Texte nach vorgegebenem Aufbau zu schreiben viel effektiver, als wenn du stundenlang irgendwelche Übungsmaterialien durchschaust. Wenn es um bestimmte literarische Werke geht, solltest du allerdings die Fakten zu diesem Werk draufhaben.

Richtige Arbeitsatmosphäre schaffen

Wenn du lernen möchtest, dann solltest du davor immer sicherstellen, dass die richtige Umgebung dafür geschaffen ist. Wenn du zu Hause am Schreibtisch lernst, dann schalte dein Handy aus oder stelle es auf lautlos und lege es irgendwo ganz weit weg hin. Ansonsten wirst du alle paar Minuten an dein Handy denken müssen und an die vielen Freunde, denen du doch jetzt etwas über Whatsapp schicken könntest. Das Handy ist meiner Meinung nach der Lernkiller Nummer 1. Es muss so lange weggesperrt werden, bis du genau das erreicht hast, was du dir vorgenommen hast.

Fasse strukturiert zusammen

Schreib nicht einfach nur alles Wichtige aus deinen Materialien heraus, sondern ordne es auch noch einmal nach verschiedenen Thematiken. In Geschichte kannst du zum Beispiel beim Thema Versailler Vertrag unterteilen in 1) Zustandekommen des Versailler Vertrags, 2) Bestimmungen des Versailler Vertrags -> 2a) militärische Bestimmungen des Versailler Vertrags, 2b) Reparationsbestimmungen des Versailler Vertrags, 2c) Souveränitätsbestimmungen des Versailler Vertrags, 3) Deutsche Reaktionen auf den Versailler Vertrag etc. Die thematische Gliederung deiner Zusammenfassungen hilft dir, den Stoff besser zu verstehen, und somit auch bei der Anwendung in der Klausur.

Auswendig lernen

In so gut wie jedem Fach wirst du mehrere Seiten auswendig lernen müssen. Mach es schlau! Schreibe immer erst deine Zusammenfassungen und lerne diese dann auswendig. Hast du erst einmal zusammengefasst und verstanden, kannst du sechs, sieben Seiten problemlos an zwei Nachmittagen vor der Klausur auswendig lernen! Es hat keinen Sinn, zwei Wochen vor der Klausur auswendig zu lernen; du wirst es eh wieder vergessen oder jeden Tag unnötig wiederholen müssen.

Zeitmanagement fürs Auswendiglernen

Lege klar fest, wann du was auswendig gelernt haben willst! Lerne die ersten drei Seiten zum Beispiel heute Nachmittag und die anderen drei Seiten morgen Nachmittag. Leg dir klare Zeiträume fest, zum Beispiel 19 Uhr bis 22 Uhr. Lerne zwischen 19:00 Uhr und 19:50 Uhr Seite 1. Mach zehn Minuten Pause, wiederhole Seite 1 kurz und lerne dann von 20:00 Uhr bis 20:50 Uhr Seite 2 usw.

Stoff wiederholen

Das gilt vor allem für die Fächer, in denen du auswendig lernen musst. Gib dich niemals damit zufrieden, es einmal auswendig gelernt zu haben. Wenn du zum Beispiel schon zwei Tage vor der Klausur fertiggelernt hast und am Tag vor der Klausur den Stoff nicht wiederholt hast, wirst du garantiert wieder irgendwelche wichtigen Details vergessen haben. Wiederhole also den Stoff, selbst wenn du mit dem Lernen schon fertig bist, noch einige Male komplett. Einmal komplett durch den auswendig gelernten Stoff zu gehen kann locker mal eine halbe Stunde und mehr Zeit kosten. Es ist aber unbedingt nötig!

Fachsprache

Lerne jedes Fachwort und benutze es auch. Fang aber nicht erst vor der Klausur damit an. Das ist ein Job, den du schon während des regulären Schuljahres erledigen solltest, da es auch deine mündliche Note extrem verbessert. Vor der Klausur solltest du alle Fachwörter schon kennen und allenfalls noch einmal kurz durchgehen müssen. In der Klausur entscheiden Fachwörter manchmal enorm viel – etwa dann, wenn der Lehrer Punkte nur vergibt, wenn Begriffe verwendet werden, die in seinem Erwartungshorizont vermerkt sind.

Direkt vor der Klausur

Vergiss nichts: Stelle am Abend vor der Klausur sicher, dass du alle notwendigen Utensilien eingepackt hast. Dazu können Taschenrechner, Formelsammlung, mindestens zwei Kugelschreiber, Buntstifte, Filzstifte, Bleistifte, Schere, Geodreieck, Atlas oder was auch immer gehören. Packe auch Essen und Trinken ein, sofern dein Lehrer das während der Klausur erlaubt.

Sei (über-)pünktlich: Rechtzeitig zum Unterricht zu erscheinen ist eine Selbstverständlichkeit. Bei Klausuren ist es aber noch wichtiger, da mit jeder Minute, die du zu spät bist, du entweder zu wenig Zeit zum Bearbeiten der Klausur hast oder du wichtige Anweisungen verpasst, die dein Lehrer vor der Klausur gibt. Sei überpünktlich! Wenn du in der ersten Stunde schreibst, nimm mindestens eine Bahn früher; schließlich weißt du ja nie, ob sie nicht gerade heute Verspätung hat. Wenn du vor der Klausur eine große Pause hast, geh trotzdem direkt zum Klausurraum; vielleicht findest du ihn ansonsten nicht oder verquatschst dich mit Freunden.

Hefter kurz vorher noch mal durchgehen: Vor der Klausur solltest du sehr fokussiert sein. Lass dich nicht ablenken von deinen Mitschülern und gehe noch einmal in Ruhe alle Lernblätter durch. Wiederhole noch einmal Detail für Detail.

Die Klausur schreiben

Du bist jetzt bestens auf die Klausur vorbereitet. Zwischen dir und deiner 1+ liegt nur noch eine Schlucht, die du überwinden musst: die Klausur selber!

Auch beim Schreiben der Klausuren kann man um einiges geschickter vorgehen als der Durchschnittsschüler. Das fängt schon an, wenn du die Klausur in deine Hände nimmst. Die allermeisten Schüler werden wahrscheinlich kurz draufschauen, ihren Namen und das Datum oben hinschreiben und dann einfach wild drauflosschreiben.

Ein angehender 1,0-Schüler geht cleverer vor. Auch er schreibt zunächst einmal seinen Namen auf das Blatt und gibt auch das Datum an. Bevor er aber anfängt, blindlings loszukritzeln, trifft er Vorbereitungen, die ihm eine Menge Zeit sparen, seine Texte strukturell besser werden lassen und auch inhaltlich stärker überzeugen.

Zeiteinteilung

Bevor du auch nur einen Satz schreibst, solltest du dir die Aufgabenstellungen gesamt genau durchlesen und schon einmal überlegen, was du bei jeder Aufgabe grob zu tun hast. Das sollte etwa zwei Minuten in Anspruch nehmen. Als Nächstes solltest du bestimmen, wie viel Zeit du für jede Aufgabe aufwenden musst. Achte dabei auch darauf, mit wie viel Prozent die einzelnen Aufgaben bewertet werden. Aufgaben, die 40% der Note bestimmen, werden sicherlich mehr Zeit in Anspruch nehmen als Aufgaben, die zu 30% in die Note einfließen. Wenn du also 180 Minuten für eine Klausur Zeit hat, könntest du zum Beispiel festlegen: Von 9 bis 10 erledige ich Aufgabe 1, von 10 bis 11 Uhr erledige ich Aufgabe 2 und von 11 Uhr bis 12 Uhr erledige ich Aufgabe 3.

Wenn du jeder Aufgabe einen festen Zeitraum zumisst und dich peinlichst genau daran hältst, läufst du nicht Gefahr, in Zeitnot zu geraten und die letzte Aufgabe nicht mehr zu bearbeiten. Eine komplett nicht bearbeitete Aufgabe kostet mehr Punkte, als wenn du bei jeder Teilaufgabe nicht alles schaffst, was du dir vorgenommen hast. Ich hatte wegen meines Zeitmanagements immer sehr viel Zeit für die letzte Aufgabe und konnte diese sehr ausführlich beantworten, während den anderen meist nur etwa 20 Minuten blieben. Wenn der Lehrer meine Antworten mit denen der anderen verglich, war es einfach für mich, die volle Punktzahl einzuheimsen.

Aufgabe genau lesen

Sei dir sicher, was der Lehrer fragt. Viele Leute lesen nur oberflächlich durch die Frage, erkennen einige Stichworte, zu denen ihnen etwas einfällt, und legen los, ohne sich klarzumachen, wonach gefragt wird. Der Text ist dann vielleicht gut und schlüssig, aber eigentlich nicht wirklich die Antwort auf die Frage. Lies also die Aufgabe sorgfältig und mach dir genau klar, was die Fragestellung ist und wie du sie beantworten kannst und solltest.

Stichpunktartige Struktur machen

Viele begehen den Fehler und schreiben einfach drauflos, ohne sich vorher einen Plan zu machen. Und wir Menschen sind nun einmal so, dass unsere Gedanken oft hin- und herschwirren. Genau so ist dann auch der Text aufgebaut. Hier wird Argument A angefangen, dann plötzlich Argument B aufgeschrieben und dann wieder eine Ergänzung bei Argument A angefügt und dann wird vergessen, dass noch gar kein Beispiel für Argument B geliefert wurde. Und das dritte wichtige Argument C wird dabei komplett vergessen. Ich glaube, du verstehst sehr gut, was ich meine. Wenn Texte geschrieben werden, ohne dass vorher darüber nachgedacht wurde, dann ist so etwas leider unausweichlich, egal wie schlau du bist. Du wirst immer das eine oder andere wichtige Detail oder vielleicht sogar das eine oder andere wichtige Argument komplett vergessen haben, und der Text sieht chaotisch zusammengewürfelt aus.

Ich habe mir immer stichpunktartig aufgeschrieben, welche Themen ich in meinem Text in welcher Reihenfolge bearbeiten möchte. Bevor ich zum Beispiel eine literarische Analyse geschrieben habe, habe ich den Klausurtext durchanalysiert, die rhetorischen Mittel rausgeschrieben und schon festgelegt, welches rhetorische Mittel ich als Erstes behandeln werde, welches als Zweites usw. Du gehst dadurch beim Schreiben strukturierter vor und musst dir keine Sorgen machen, dass du irgendetwas vergisst hast, das du dann noch schnell irgendwo in deinen Text mit reinquetschen musst.

Auch wenn die Gliederung Zeit kostet (nicht mehr als fünf Minuten), wird sie dir am Ende viel Zeit sparen und wird deinen Text viel besser machen. Du musst beim Gliedern nicht viel schreiben, Hauptsache, du machst dir selbst klar, welche Themen/Argumente du einbringst, mit welchen Beispielen/Daten/Zahlen du sie belegen möchtest und in welcher Reihenfolge du sie anordnen möchtest. 10-15 Wörter reichen vollkommen aus. Dein Text wird gut strukturiert und gut durchdacht wirken und beim Lehrer garantiert einen bleibenden Eindruck hinterlassen, da du wahrscheinlich der Einzige sein wirst, der diese Strategie konsequent anwendet.

Du wirst merken, dass es dir auch leichter fallen wird, vollständige Sätze zu schreiben, wenn du vorher einen Plan erstellt hast. Wenn du schon weißt, welche Informationen in den Satz gepackt werden, ist es ein Kinderspiel, den Satz zu formulieren. Du wirst also schneller und besser schreiben!

KEINE SPICKER

Das ist verdammt wichtig! Ich weiß, viele Leute tun das, und es gibt Lehrer, die nicht genau kontrollieren. Da ist es oftmals verlockend, den einen oder anderen Spickzettel mitzunehmen. Das große Problem hierbei ist – abgesehen davon, dass du betrügst –, dass, wenn du ein einziges Mal erwischt wirst, alles vorbei sein kann. Stell dir vor, du wirst in nur einem Fach damit erwischt. Nicht nur das Vertrauen dieses Lehrers in dich wird für immer verloren gegangen sein, du musst auch davon ausgehen, dass er es anderen Lehrern weitererzählt und es sich herumspricht. Dadurch versaust du dir durch reine Faulheit garantiert ein 1,0-Abitur. Ich persönlich habe nie gespickt, auch wenn es manchmal verlockend war. Auch alle anderen, die in meinem Jahrgang sehr gut abschnitten, haben darauf verzichtet. Spicken oder auswendig lernen ist eine Frage des Fleißes. Sei fleißig, sei erfolgreich!

Schnell schreiben

In den allermeisten Fällen haben Schüler Zeitprobleme, weil sie in den ersten zwei Aufgaben zu viel Irrelevantes schreiben, und dann keine Zeit mehr für die letzte Aufgabe haben. Es lohnt sich daher, schneller schreiben zu lernen. Es lässt sich einfach mehr Text schreiben und man hat die Möglichkeit, den Lehrer mit dem ganzen auswendig gelernten Wissen oder mit äußerst präzisen und detaillierten Analysen zu überzeugen. Das kann einen gewaltigen Unterschied machen. Jemand, der doppelt so schnell schreibt wie die anderen, kann anstatt 15 Seiten in einer Klausur 30 Seiten und mehr schreiben, wenn er von Anfang bis Ende konzentriert durcharbeitet. Wenn du genügend gelernt hast und genügend relevante Punkte zur Analyse in der Klausur gefunden hast, dann hilft es dir enorm, wenn du doppelt so viel schreibst wie die anderen. Die meisten Lehrer beeindrucken umfangreiche Klausuren, sie machen automatisch den Eindruck von umfangreichem Wissen.

Wie lernt man also schneller zu schreiben? Ganz einfach, indem man übt. Trainiere, möglichst schnell zu schreiben und dabei eine halbwegs lesbare Schrift beizubehalten. Bist du Schönschreiber? Dann verabschiede dich von dem Gedanken, dass die schöne Schrift wichtig ist! Vergiss es! Wenn du nicht gerade Kalligraf werden willst, dann hör auf, kostbare Zeit in der Klausur zu verschwenden. Versuche aktiv, wenn du Texte schreibst, diese möglichst schnell zu schreiben, wobei deine Schrift aber noch leserlich bleiben muss. Jeder Lehrer ist genervt, wenn er sich mit einer Sauklaue konfrontiert sieht. Der Mehrwert an Inhalt, den du durch das schnellere Schreiben kreierst, ist das Üben wert.

Lehrergerecht schreiben

Jeder Lehrer hat eine Vorliebe für bestimmte Wörter, Formulierungen oder Meinungen. Fällt dir auf, dass ein Lehrer bestimmte Wörter oder Formulierungen immer wieder verwendet, integriere sie an passender Stelle auch in die Klausur.

Fehleranalyse/Nachbereitung

Du hast deine Klausuren geschrieben und mit der richtigen Vorbereitung wahrscheinlich sogar ziemlich gut, auf jeden Fall besser als jemals zuvor. Vielleicht bist du aber auch mit einem mittelmäßigem Gefühl oder einem schlechten Gefühl aus der Klausur herausgegangen, weil du irgendwelche mehr oder weniger schwerwiegenden Fehler bei der Vorbereitung gemacht hast. Irgendwann kommt dann der Moment der Wahrheit, der dich darüber aufklärt, wie gut du wirklich in der Klausur gewesen bist.

Ein ganz wichtiger Teil deiner Arbeit auf das 1,0-Abitur hin beinhaltet die Nachbereitung einer Klausur. Bisher hast du vielleicht nur kurz auf die Note in der Klausur geschaut oder kurz flüchtig über die roten Markierungen am Rand deiner Texte gelesen. Das wirst du ändern müssen. Solange du nicht mindestens 14 Punkte in der Klausur geschrieben hast, musst du dich damit auseinandersetzen.

Nur so als Anekdote: Als ich einmal eine Klausur in Philosophie zurückbekommen und gesehen habe, dass ich zwar 15 Punkte hatte, in den drei Unterkategorien jedoch nur zweimal 15 Punkte und einmal 14 Punkte, war ich unzufrieden. Ich bin tatsächlich zum Lehrer gegangen, um nachzufragen, was ich falsch gemacht habe. In meiner gesamten Schullaufzeit war ich nie wirklich zufrieden mit meinen Noten. Diese Unzufriedenheit wirkte wie ein Motor, der mir dabei half, immer wieder an Fehlern zu arbeiten, selbst wenn ich eine 1 oder eine 1+ hatte.

Die gute Nachricht möchte ich dir gleich übermitteln: In der Schule kannst du jeden Fehler eliminieren! Wenn du irgendetwas besonders schlecht machst, dann kannst du durch intensives Üben selbst deine größten Fehler ausmerzen. Ich konnte anfangs zum Beispiel kaum etwas in Mathe, habe immer Fünfen geschrieben. Aber auch in sprachlichen Fächern verlor ich immer massig Punkte, weil ich die rhetorischen Mittel entweder nicht fand oder dann falsch analysierte. Außerdem habe ich wegen meiner Rechtschreibung immer Punkteabzug bekommen. Durch harte Arbeit habe ich in Mathe und Deutsch letztlich eine 1+ auf dem Zeugnis gehabt! Es ist also möglich, auch schriftlich viel besser zu werden. Du musst lediglich den Fehler erkennen und dann eliminieren. Und den gleichen Prozess beim nächsten Fehler wieder anwenden: suchen und zerstören!

Fehler suchen

Um bei deiner nächsten Klausur besser abzuschneiden musst du die Fehler herausfinden, die du in Klausuren in diesem Fach machst. Nimm dir zunächst einmal die Feingliederung der Bewertung vor. Schau dir die einzelnen Unterkategorien an – Wissen, Analyse, Urteil. Wo hast du die wenigsten Punkte erzielt? Welche Kommentare hat dein Lehrer an den Rand geschrieben? Analysiere diese Fehler. Hast du dich nicht deutlich genug ausgedrückt? Falsch strukturiert und verknüpft? Hast du eventuell sogar falsche Dinge geschrieben? Oder hast du vielleicht etwas Wichtiges komplett ausgelassen? Wenn ja, warum? Hattest du zu wenig Zeit, hast du diesen Zusammenhang bei der Analyse einfach nicht erfasst oder hattest du einfach nicht das nötige Vorwissen? Setz dich wirklich damit auseinander. Versuche zu verstehen, was falsch lief.

Ganz wichtig: Gib niemals dem Lehrer für irgendetwas die Schuld. Viel zu viele Schüler verschwenden ihre Zeit damit, sich über den Lehrer zu beschweren. »Der hat gar nicht gesagt, dass das drankommt« oder »Das haben wir gar nicht richtig im Unterricht geübt« sind Sätze, die ich viel zu häufig gehört habe. Selbst wenn die Beschwerden gerechtfertigt sind, wenn der Lehrer wirklich nicht gesagt hat, dass Thema X drankommt – und so was kommt definitiv vor –, selbst dann bringt es dir überhaupt nichts, dich darüber aufzuregen. Kriegst du dadurch eine bessere Note? Nein!

Versuche stattdessen, so viel wie möglich daraus zu lernen. Merke dir, dass Lehrer X auch Themen in der Klausur bringt, die im Unterricht nur am Rande behandelt wurden; Pech für dich, dann werden deine Zusammenfassungen in diesem Fach wohl etwas länger ausfallen müssen. Das Wichtige ist: nicht meckern, sondern daraus lernen!

Schwerwiegendste Fehler finden und aufarbeiten

Wenn du in allen Kategorien schwächer warst, als du wolltest, dann hast du generell irgendeinen Fehler gemacht; in den meisten Fällen wirst du den Stoff entweder nicht gut genug verstanden oder nicht gut genug auswendig gelernt bzw. geübt haben.

Versuch in deiner schwächsten Kategorie deine größten Fehler zu finden, die dir am meisten Punkte geraubt haben. Wenn du dir nicht ganz sicher bist, dann frag deinen Lehrer. Aber gehe bitte nicht zu ihm und frag: »Was habe ich falsch gemacht?«, sondern frag etwas konkreter »Warum habe ich in dieser Aufgabe nur so wenig Punkte bekommen? Liegt es daran, dass ich nicht genau genug ausgeführt habe, warum der Autor so viele

Metaphern verwendet, oder liegt es mehr daran, dass ich mich generell nicht präzise genug ausgedrückt habe?«.

Zur Hilfe habe ich eine Übersicht über die häufigsten Klausurfehler erstellt, die man in den einzelnen Fächergruppen machen kann. Analysiere, welche davon auf dich zutreffen könnten. Außerdem habe ich dargestellt, wie man an den am häufigsten vorkommenden Fehlern arbeiten kann. Schau dir also an, was deine Fehler sein könnten, und lass dich danach von meinen Vorschlägen inspirieren, wie du an diesen Fehlern arbeiten kannst.

In Sprachen:

Text nicht richtig aufgebaut

Das ist einer der häufigsten Fehler in sprachlichen Fächern. In der Klausur sollst du höchstwahrscheinlich irgendeinen vorher im Unterricht geübten Text schreiben. Das könnte zum Beispiel eine Gedichtanalyse sein, eine Erörterung, ein Kommentar, eine Redeanalyse oder was auch immer. Lehrern in den sprachlichen Fächern ist es extrem wichtig, dass du eine sehr gute Struktur – nämlich, die, die du im Unterricht beigebracht bekommen hast – verwendest. Wenn du hier Fehler machst, dann ist das meist sehr schwerwiegend, da das sowohl das Verständnis deines Textes stark behindert als auch deine sprachliche Note stark verschlechtert.

Aufarbeitung: Dieser oftmals schwerwiegende Fehler ist glücklicherweise sehr einfach zu reparieren. Gehe davon aus, dass dein Lehrer eine bestimmte Struktur sehen möchte, wie dein Text aufgebaut sein sollte. Dein Ziel ist es zunächst einmal herauszufinden, wie dieser ideale Aufbau eigentlich aussehen sollte, denn das hast du wahrscheinlich nicht gut genug verstanden. Frag also den Lehrer oder – falls vorhanden – einen Schüler, der bereits mindestens 14 Punkte bei diesem Lehrer geschrieben hat.

Frage genau nach, was in die Einleitung gehört; sind es nur Autor, Titel, Zeit etc. oder sollst du hier schon eine gewisse Kontextualisierung geben? Wenn du hier schon mehr schreiben sollst, was ist es genau? Sollst du in Deutsch zum Beispiel schon etwas über Bertolt Brechts Flucht aus Nazideutschland schreiben oder eine kurze Zusammenfassung geben, worum es in dem Buch geht, aus dem der Textausschnitt stammt, den du in der Klausur analysieren musst? Schreib dir alles ganz genau auf. Gehe bezüglich des Hauptteils und des Schlusses genauso vor. Wie muss der Analyseteil aufgebaut sein? Orientiert er sich am Klausurtext (also zuerst den ersten Abschnitt analysieren, dann den zweiten usw.)? Oder geht es darum, in deiner Analyse zuerst die wichtigsten Thesen bzw. die auffallendsten rhetorischen Mittel zu analysieren und dann die weniger wichtigen? Wie muss die Analyse der wichtigsten rhetorischen Mittel aufgebaut sein? Zuerst das Mittel benennen, dann Beispiele anführen und dann erklären, wie das Ganze auf den Leser wirkt? Du merkst schon, man kann viel falsch machen, darum ist es wichtig, bis in die kleinsten Details genau die Struktur eures Klausurtextes zu verstehen.

Hier als Beispiel, was ich bezüglich der Struktur einer Gedichtanalyse gelernt habe:

Einleitung:

- Autor, Jahr, Titel, Ort
- zeitliche und thematische Einordnung des Gedichts
- Interpretationshypothese -> warum hat er das geschrieben?

Aufbau Hauptteil:

1. Teil: Zusammenfassung des Inhalts -> Strophe für Strophe kurz zusammenfassen

2. Teil: Analyse der rhetorischen Mittel ->wichtigste rhetorische Mittel zuerst benennen, danach weniger wichtige. Bei jedem einzelnen rhetorischen Mittel folgenden Vorgang verwenden: Benennung des rhetorischen Mittels, erklären, was das rhetorische Mittel bewirken soll, Beispiele finden und anhand der Beispiele erklären, wie das funktionieren soll.

3. Teil: kurze Zusammenfassung der Untersuchungsergebnisse

Schlussteil:

Kurze Kontextualisierung: Warum ist das Gedicht relevant?

Persönliche Meinung (ausgewogen, ein Pro- und ein Contra-Argument)

Zurückbesinnung auf die Interpretationshypothese (hat sich insofern bestätigt als dass ...)

Natürlich kann der Aufbau deines Textes ganz anders aussehen. Das hängt immer vom Texttyp ab und von den Vorlieben deines Lehrers. Damit möchte ich dir nur zeigen, wie genau du die Struktur deines Textes kennen solltest. Wenn du sie durch entsprechende Überschriften und Absätze sichtbar machst, dann wird es sehr einfach sein, für die Textstruktur volle Punkte zu bekommen.

Nachdem du die Textstruktur verinnerlicht hast, solltest du sicherstellen, dass du das Gelernte auch umsetzen kannst. Schreibe also so einen Text! Lass ihn vom Lehrer korrigieren, wenn er so nett ist, das zu machen. Wenn du ganz bewusst mit einer bestimmten Struktur – die der Lehrer am liebsten sieht – schreibst, dann sicherst du dir durch so eine leichte Aufgabe massig Punkte.

Satzkonstruktionen falsch

Ein weiterer häufiger Fehler, vor allem in den Fremdsprachen, sind falsch oder sehr einfach aufgebaute Sätze. Wenn du immer wieder Fehler im Satzbau machst, dann zieht das nicht nur die Teilbereichsnote Satzbau herunter. Es beeinträchtigt generell das Verständnis dessen, was du mit deinen Worten eigentlich ausdrücken möchtest, und gibt dem Lehrer zudem so ein merkwürdiges Gefühl, wenn er an dich und deine Texte denkt. Du wirkst einfach nicht sonderlich gut, wenn du holprig schreibst. Auch wenn du vielleicht ansonsten ganz gut in Englisch bist, wird der Lehrer dich immer unterschätzen, weil du ja so schlecht schreibst. Dasselbe gilt für die Rechtschreibung – hier musst du einfach dafür sorgen, dass du fit bist. Schlechte Rechtschreibung macht einen extrem schlechten Eindruck.

Aufarbeitung: Wenn du im Satzbau Schwierigkeiten hast, kannst du mit etwas Arbeit leicht Fortschritte machen. Den Satzbau einfacher Sätze zu erlernen ist extrem einfach. In Englisch sollte dir zum Beispiel die SVO-Satzstellung (Subject, Verb, Object) bekannt sein. Hoffentlich kennst du auch die längere Version (Time, Place, Subject, Verb, Object, Place, Time). Das sind absolute Basics, und damit solltest du keine Schwierigkeiten haben – vorausgesetzt du kennst sie. Falls nicht, dann kannst du sie sehr einfach und sehr schnell lernen.

Schwieriger ist es hingegen bei komplizierteren Sätzen, bestehend aus Hauptsätzen, die mit ein bis zwei Nebensätzen verschachtelt sind. Während unnötig lange Sätze von den meisten Lehrern nicht gern gesehen werden, wollen sie aber trotzdem erkennen, dass du auch mit komplexeren Satzstrukturen umgehen kannst. Du kannst also nicht einfach nur kurze Hauptsätze aneinanderreihen.

Es gibt im Wesentlichen drei verschiedene Möglichkeiten, wie du deinen Satzbau verbessern kannst:

1. Lerne aus begangenen Fehlern: Schau dir an, was du bisher falsch gemacht hast, und verstehe, was daran falsch ist. Schreib die Sätze dann einfach noch einmal korrekt um. Das hat den Vorteil, dass du deine individuellen Fehler – die du ja wahrscheinlich immer wieder machst – langfristig auslöschen kannst. Allerdings reicht das nicht aus, denn du wirst natürlich immer wieder neue Sätze formulieren müssen, die aufgaben- und inhaltsabhängig sind. Andere Strategien müssen her, zum Beispiel:

2. Viel lesen: Hast du zum Beispiel im Französischen Probleme, längere Sätze fehlerfrei zu schreiben, dann hilft es dir enorm, wenn du Bücher in französischer Sprache liest. Mit jedem Satz prägen sich bei dir unbewusst die korrekten Satzkonstruktionen tiefer ein, und irgendwann kannst du ganz automatisch, ohne nachdenken zu müssen, einen Text auf Französisch fehlerfrei schreiben. Wenn du also von einer Klausur zur anderen viel besser formulieren möchtest, dann hilft es, wenn du dir vornimmst, jeden Tag

eine halbe Stunde ein französisches Buch zur Hand zu nehmen. Über acht Wochen, die du so dein Französisch trainierst, würdest du 28 Stunden lesen und vermutlich ca. vier Bücher schaffen. Wenn du das machst, wird deine Französisch-Note sehr schnell auf 1+ schießen.

3. Lerne Konstruktionen auswendig: Ich kenne einige Leute, die so gelernt haben. Persönlich habe ich das nur einmal ausprobiert, weiß aber, dass andere damit ganz gut gefahren sind. Zum Beispiel kannst du in Englisch If-clause III auswendig lernen und dann versuchen, diese irgendwo geschickt in deinen Klausurtext miteinzubauen. Dein Lehrer wird erstaunt sein, dass du so komplexe Satzstrukturen fehlerfrei beherrschst. Mich störte nur immer daran, dass man sich während der Klausur zu bewusst damit auseinandersetzt, wie man nun den nächsten Satz aufbauen sollte. Dadurch hast du weniger Zeit für den Inhalt und bist abgelenkt.

Zu einfache, nicht angemessene Vokabeln benutzt

Das ist leider auch ein häufiger Fehler, der aber leicht zu vermeiden ist. Wenn du für Sprache nur wenig Punkte bekommen hast und dein Lehrer ein A für Ausdruck an die Seite geschrieben hat, ist das vermeidbar. Bedenke, dass dein Vokabular in Sprachen essenziell ist, schließlich bildet es die Grundlage für die Sprachen.

Aufarbeitung: Wenn du in den Teilbereichen Vokabular, Ausdruck etc. schwach abschneidest, dann musst du an den Wörtern arbeiten, die du in deiner Klausur benutzt. Das ist eine der leichtesten Aufgaben. Es gibt hier zwei Wege, mit denen du bis zur nächsten Klausur auf eine glatte 1 kommen kannst.

1. Gezielt passende Vokabeln lernen: Lerne genau die Vokabeln und Redewendungen, die super klingen und die du mit einer sehr hohen Wahrscheinlichkeit in der Klausur verwenden kannst, z. B. weil sie zum aktuellen Thema passen. Im Englischen bringt es viel, Synonyme für einfache Wörter zu lernen und zu benutzen. Das Gleiche gilt für Worte, die bei einer Argumentation immer wieder vorkom-

men, wie »to argue«, »to demonstrate«, »to expound«. Auch Redewendungen kannst du auswendig lernen. Wenn du zum Beispiel weißt, dass ihr über die Gleichberechtigung der Schwarzen in den USA schreiben werdet, dann lerne ruhig Redewendungen wie »Martin Luther King paved the way for racial equality« auswendig. In diesem Fall geht es um das »paved the way« (ebnete den Weg). Das katapultiert deine Ausdrucksnote ganz weit nach oben.

2. Lesen: Auch zur Erweiterung deines Vokabulars empfiehlt es sich stark, viel zu lesen. Für Englisch kannst du zum Beispiel anspruchsvolle Zeitungsartikel lesen, etwa aus der *New York Times*, oder aber Fachbücher, z. B. über die Globalisierung. Was meinst du, was für krasse Wörter du da lernst? Mithilfe einer App oder des Internets kannst du sie problemlos nachschlagen. Oft findet man dann heraus, dass es sich dabei um ein super klingendes Synonym für ein Wort handelt, das du bereits kennst und benutzt. Und so schaffst du es, einen reichhaltigeren Sprachschatz aufzubauen.

Zu wenig Wissen aus dem Unterricht in die Klausur eingebracht

So gut wie immer wird auch eine Kontextualisierung und der Bezug zum Unterricht mehr oder weniger offensichtlich bewertet. Während im Fach Deutsch ganz klar die Kontextualisierung bewertet wird, kann es in Englisch verdeckt in der letzten Aufgabe vorkommen, wo du meist eine Diskussion oder etwas Kreatives schreiben musst. Hier ist gefragt, deine Klausur mit dem Wissen aus dem Unterricht zu verknüpfen. In der Kontextualisierung einer Gedichtanalyse musst du etwa etwas zur Biografie des Autors schreiben oder zu den Umständen, unter denen er das Gedicht verfasst hast, oder über die Epoche und ihre Merkmale. In Fremdsprachen musst du zum Beispiel bei der Diskussion Bezug nehmen auf Themen, die ihr im Unterricht behandelt habt Filme, die ihr geschaut habt, Bücher, die ihr gelesen habt, etc.

Aufarbeitung: Das ist eine ziemlich einfache Angelegenheit. Stelle einfach sicher, dass du vor der nächsten Klausur das Relevante zusammenfasst und auswendig lernst. Überlege dabei schon – also nicht erst während der

Klausur –, an welchen Stellen du was einbringen kannst. Welches Wissen bringe ich bereits in der Einleitung? Was könnte ich am Schluss noch einbauen? Wichtig ist, dass du das Wissen im Kopf hast und dich in der Klausur zwingst, das Hintergrundwissen an passenden Stellen miteinzubringen.

Zu wenig rhetorische Mittel bei der Textanalyse gefunden

In den meisten Klausuren in sprachlichen Fächern liegt der Schwerpunkt auf der Analyse. Meist müsst ihr ein Gedicht, eine Kurzgeschichte, eine Rede oder Ähnliches analysieren. Und so gut wie immer müsst ihr die rhetorischen oder stilistischen Merkmale dieses Textes finden und anschließend richtig analysieren und interpretieren. Wenn du in der letzten Klausur zwar die Metaphern, die Alliteration und die Hyperbeln entdeckt hast, die Anaphern und den Chiasmus aber nicht, dann hast du definitiv ein Problem im Finden rhetorischer Mittel. Damit verlierst du extrem viele Punkte.

Aufarbeitung: Es gibt zwei Stellschrauben, wenn du rhetorische Mittel in der Klausur nicht entdecken konntest.

1. Du musst alle rhetorischen Mittel sicher kennen. Und das bedeutet, du musst die rhetorischen Mittel, die ihr vom Lehrer wahrscheinlich als Liste bekommen habt, nicht nur einmal überflogen oder gelesen haben, sondern sie alle auswendig kennen! Wenn es 21 Stück sind, die dein Lehrer verlangt, dann erstell dir deine eigene Liste mit Erklärungen und lerne sie auswendig. Meist versteht man die Beschreibung auf dem Infoblatt der Lehrer nicht vollständig. Es ist darum besser, wenn du für dich selbst formulierst, was diese Mittel genau ausmacht. Wenn du etwas nicht verstehst, recherchiere im Internet, finde Beispiele, lass es dir in der Nachhilfe erklären, bis du kapiert hast, was dieses Stilmittel ausmacht. Pauke diese Liste! Du wirst die nächsten zwei Jahre in diversen sprachlichen Fächern rhetorische Mittel analysieren müssen, also tu dir selbst den Gefallen und lerne sie gleich. Das dauert gerade einmal einen Nachmittag.

2. Falls du die ganzen rhetorischen Mittel schon kanntest, dann hast du nicht genügend geübt, sie zu entdecken! Wie lernt man das? Ganz einfach: Nimm dir Texte, die ihr schon einmal im Unterricht durchanalysiert habt. Druck sie dir noch einmal neu aus (aus dem Internet) oder kopiere sie dir aus dem Buch und versuche, ohne Hilfe die rhetorischen Mittel noch einmal neu zu entdecken. Gib dich erst zufrieden, wenn du jedes rhetorische Mittel, das ihr im Unterricht gemeinsam gefunden habt, nun auch allein finden kannst. Denn das musst du können, um in der Klausur kein rhetorisches Mittel auszulassen. Nach zwei Versuchen mit vier oder fünf verschiedenen Texten solltest du das definitiv draufhaben.

Ich empfehle dir, ausschließlich Texte dafür zu verwenden, die ihr schon im Unterricht hattet, um deine Zeit nicht unnötig zu verschwenden. Wenn ihr zum Beispiel im Deutschunterricht gerade Bertolt Brechts Werke analysiert und du weißt, dass das auch Thema in der Klausur sein wird, dann hat es überhaupt keinen Sinn, rhetorische Mittel in den Gedichten Joseph von Eichendorffs zu suchen. Warum? Ganz einfach, weil die Dichter jeweils unterschiedliche rhetorische Stilmittel verwenden. In Bertolt Brechts Gedichten wirst du zum Beispiel immer wieder Enjambements sehen, während sich bei Joseph von Eichendorff ganz andere Stilmittel finden, die aber nicht für deine Bertolt-Brecht-Klausur relevant sein werden. Verstanden?

Rhetorische Mittel nicht richtig interpretiert oder zu oberflächlich analysiert

Finden Schüler erst einmal die verwendeten rhetorischen Mittel und benennen diese richtig, kommt es leider häufig vor, dass sie nicht in der Lage sind, diese richtig zu analysieren und zu interpretieren. Wenn dein Lehrer also anmerkt, dass du nicht genau genug darauf eingegangen bist oder sie falsch interpretiert hast, dann hast du eindeutig ein Problem mit dem Verständnis dieser Mittel. Dadurch verlierst du viele Punkte, da die Analyse der rhetorischen Mittel meist den zentralen Prüfungsteil einer sprachlichen Klausur darstellt. Mach dir aber keine Sorgen; das Verstehen der rhetorischen Mittel und die richtige Interpretation haben rein gar nichts mit Intelligenz zu tun, sondern nur mit der richtigen Vorbereitungsweise.

Aufarbeitung: Das richtige rhetorische Mittel hast du schon einmal entdeckt. Nun hast du aber trotzdem nur wenige Punkte bekommen, weil du es entweder falsch interpretiert oder zu oberflächlich analysiert hast.

1. Interpretation: An der Interpretation des rhetorischen Mittels zu arbeiten ist einfach. Wahrscheinlich steht schon in deiner Zusammenfassung der rhetorischen Mittel, was die Wirkung dieses bestimmten Mittels sein soll. Das brauchst du einfach nur auswendig zu lernen und in der Klausur anzuwenden. Wenn eine Metapher also beispielsweise der besseren Vorstellung einer bestimmten Sache dient, dann kann die Metapher in Brechts Gedichts dazu dienen, um sich besser in seine Lage hineinzuversetzen – vorausgesetzt natürlich, seine Lage ist Thema des Gedichts. Wenn es um Brecht und Enjambements geht, dann weißt du, dass er damit auf Unruhe hindeutet – die Unsicherheit seiner Situation zum Beispiel, da er nicht weiß, ob er jemals wieder nach Deutschland zurückkehren kann, oder die Unruhe, die er verspürt, wenn er sein Leben im Exil dem Leben der anderen Menschen im Krieg gegenüberstellt. Die Interpretation des rhetorischen Mittels musst du also vor der Klausur lernen und dann einfach nur mit dem Thema des Klausurtexts verbinden.

2. Tief gehende Analyse: Wenn dein Problem in der letzten Klausur war, dass du das bestimmte rhetorische Mittel zu oberflächlich analysiert hast, dann empfehle ich dir, das nächste Mal mit einer ganz bestimmten Struktur zu arbeiten. Du kannst zum Beispiel bei jedem einzelnen rhetorischen Mittel wie folgt vorgehen:

   1. Benennung des Mittels (1 Satz)

   2. Erklärung der Wirkung des Mittels (2 Sätze)

   3. Mindestens zwei Beispiele benennen (mit Zitaten) und die Wirkung des rhetorischen Mittels anhand dieser Beispiele erklären (3–5 Sätze)

Wenn du diese klare Struktur befolgst, dann sollte es kein Problem sein, das rhetorische Mittel gründlich zu analysieren.

In Mathe/Naturwissenschaften/ Technik:

Eine oder mehrere wichtige Rechenregel nicht gekannt

Häufig kommt es vor, dass man eine Regel oder eine Formel nicht kannte, die dann dazu führte, dass man die gesamte Aufgabe nicht richtig bearbeiten konnte. In Mathe kann das zum Beispiel eine der binomischen Formeln sein, in Physik die Möglichkeit der Gleichsetzung zweier Formeln.

Aufarbeitung: Das Schwierige hierbei ist, den Fehler zu erkennen. Hast du erst einmal herausgefunden, dass es bei der binomischen Formel gehakt hat, dann ist es jetzt ein Leichtes, die Formel aufzuschreiben und auswendig zu lernen. Wichtig ist aber, dass du die Formel nicht nur lernst, sondern auch übst, sie in einem möglichst realistischen Kontext anzuwenden. Wenn ihr in der Klausur zum Beispiel gleich am Anfang die Aufgabe hättet umformen müssen, dann suche dir im Internet Aufgaben, wo du auch einfach nur umformen musst. Bearbeite aber wirklich mehrere Aufgaben, bis das ganz sicher sitzt!

Keine Zeit für die letzten Aufgaben gehabt

Eine typische Beschwerde die man von Mitschülern oder vielleicht von sich selbst auch hört, ist: »Ich hatte zu wenig Zeit, deswegen musste ich die letzte Aufgabe auslassen«. Vielleicht schaffst du es auch bis zur letzten Aufgabe, aber gerätst dabei aber trotzdem in Zeitnot. Prüfe also, ob du viele Punkte abgezogen bekommen hast, weil du nicht genug Zeit hattest, um alles durchzuarbeiten. Ein genauer Zeitplan hilft gegen das Problem, und natürlich üben, denn je mehr Routine du hast, desto flotter bist du in der Klausur.

Aufarbeitung: Es gibt genau einen Grund dafür, dass du nicht bis zur letzten Aufgabe gekommen bist: Du hattest nicht genug Routine. Damit meine ich, dass du vor der Klausur nicht genug geübt, gerechnet, angewendet hast. Wenn du eine Mathe-Aufgabe zum allerersten Mal machst, dann brauchst du zum Beispiel fünf Minuten. Eine Minute lang überlegst du, was du machen sollst, eine andere Minute brauchst du, um die Aufgabe umzuformen, weitere zwei Minuten für den Rechenweg, und dann kontrollierst du noch einmal, ob du nicht irgendwo doch einen Fehler gemacht hast.

Jetzt stell dir vor, dass du diesen Typ Aufgabe schon ungefähr 200-mal bearbeitet hast. Du wirst keine einzige Sekunde lang darüber nachdenken müssen, was zu tun ist, wirst blitzschnell das Ergebnis ausrechnen und nicht einmal nachkontrollieren müssen, weil du genau einschätzen kannst, ob deine Lösung richtig oder falsch ist. Oder erinnere dich daran zurück, wie lange du als Kleinkind gebraucht hast, um 3+6 zu rechnen. Wahrscheinlich hast du mit den Fingern gerechnet. Heute würdest du vermutlich sofort wissen, dass das Ergebnis 9 ist. Wahrscheinlich würdest du nicht einmal ein Zehntel der Zeit benötigen, die du früher gebraucht hättest. Und woran liegt das? An der Routine! Du hast Tausende Additionsaufgaben im Lauf deiner Schullaufbahn gelöst, natürlich rechnest du mittlerweile viel schneller! Und genauso verhält es sich auch mit dem neuen Stoff! Übe also das nächste Mal mehr, damit du schneller rechnen kannst!

Planlos vor der Aufgabe gesessen

Jeder kennt das Gefühl, wenn man vor einer Aufgabe sitzt und nicht den geringsten Schimmer hat, was man hier überhaupt zu tun hat. Am ärgerlichsten ist es natürlich, wenn dir so etwas in einer Klausur passiert. Gerade in mathematisch- naturwissenschaftlichen Fächern kommt so etwas leider ziemlich häufig vor.

Aufarbeitung: Auch das liegt daran, dass du nicht genug geübt, genug angewendet, genug gerechnet hast. Denn alle Aufgaben bis auf die letzte wirst du so oder in ähnlicher Form schon einmal im Unterricht gehabt haben. Wenn du jede Aufgabe aus dem Unterricht in der Vorbereitung auf die Klausur mindestens einmal eigenständig lösen konntest, dann kann ich dir garantieren, dass du nicht vor dem leeren Blatt sitzen wirst, ohne Ahnung zu haben, was du zu tun hast. Also erneut: rechne, rechne, rechne! Wende an!

Zwar den richtigen Rechenweg benutzt, aber nicht zum richtigen Ergebnis gekommen

Auch das kommt ziemlich häufig vor. Du findest zwar den richtigen Ansatz, rechnest die Aufgabe sogar bis zum Schluss durch, und kommst am Ende trotzdem auf ein falsches Ergebnis. Wenn dir das häufiger passiert, dann musst du daran arbeiten. Meist ist das aber im Vergleich zu den vorher genannten Fehlern ein weniger elementarer Fehler. Das bedeutet, dass du wahrscheinlich bereits relativ gut in dem Fach bist und es nur noch um den Unterschied zwischen 2 und 1 gehen könnte.

Aufarbeitung: Selbst die besten Schüler machen ab und an Rechenfehler, sei es, weil man das Ergebnis letztlich nicht richtig ausgerechnet hat oder zwischendurch in der Rechnung einen Fehler gemacht hat und deshalb am Ende nichts Richtiges mehr rauskommen konnte. Fakt ist, dass auch das eine Frage der Übung ist. Und ein wenig auch eine Frage der Konzentration während der Prüfung.

Letztlich kann man in den mathematisch-naturwissenschaftlichen Fächern alle Fehler in den Klausuren auf zu wenig Übung zurückführen – vorausgesetzt, anfangs war das Verständnis bereits vorhanden!

In Geisteswissenschaften:

Zu wenig Wissen eingebracht

Geisteswissenschaften sind Fächer, in denen du vor allem pauken musst. Wenn du also in einem der Teilbereiche zu wenig Punkte hast, dann liegt das mit einer sehr hohen Wahrscheinlichkeit daran, dass du entweder irgendwelche Themen gar nicht behandelt hast oder aber zu oberflächlich.

Aufarbeitung: Während die Naturwissenschaften vor allem viel Übung voraussetzen, musst du in den gesellschaftswissenschaftlichen Fächern in erster Linie ziemlich viel Stoff auswendig lernen. Denn dieses auswendig gelernte Wissen bildet die Basis dessen, was du in der Klausur schreiben wirst. Wenn du also zu wenig Wissen eingebracht hast, dann liegt das höchstwahrscheinlich daran, dass du zu ungenau oder aber zu wenig Stoff gelernt hast. Ein weiterer Fehler – der weitaus seltener vorkommt – ist, dass du während der Klausur etwas vergessen hast. Das wird meist daran liegen, dass du entweder nicht strukturiert genug oder detailliert genug auswendig gelernt hast oder dass deine Planung in der Klausur nicht ausreichend gut war.

Textquelle falsch interpretiert

Oft musst du in Geschichte, Politikwissenschaften und ähnlichen Fächern eine Textquelle analysieren. Nicht selten bezieht sich die nachfolgende Aufgabe – die Diskussionsaufgabe – darauf, auf die Argumente des Autors der Textquelle einzugehen. Das ist natürlich nur möglich, wenn man den Klausurtext richtig interpretiert hat. Ansonsten kriegt man großen Punkteabzug bei der Analyse und bei der Bewertung. Prüfe also unbedingt, ob du Fehler gemacht hast bei der Analyse und Interpretation der Textquelle

Aufarbeitung: Die Analyse bildet den Hauptteil der Klausur in geisteswissenschaftlichen Fächern. Deshalb ist es sehr wichtig, dass du den Text verstehst, der analysiert wird. Meist – etwa in Geschichte oder Politikwissenschaften – wirst du eine Meinung zu dem Thema analysieren, das ihr gerade in der Schule behandelt. Deshalb ist es ratsam, dass du dir vor der Klausur schon anschaust, welche unterschiedlichen Meinungen man zu dem Thema haben kann. Meist gibt es zwei oder drei Hauptpositionen, die ihr wahrscheinlich im Unterricht angesprochen habt. Es kann sich aber auch um so eine Art »Zwischenposition« handeln, die irgendwo zwischen den Extremen liegt. Damit du die Quelle besser verstehst, musst du das Thema verstehen und auch, welche Meinungen es dazu gibt. Hast du hier Probleme, frag am besten die Klassenbesten, ob sie dir weiterhelfen. Meist werden sie bestens informiert sein und das Thema sehr gut verstehen. Wenn man sie nett fragt, sind die allermeisten auch bereit, dir weiterzuhelfen.

Bei der Urteilsbildung nicht überzeugt

Häufig bekommen Schüler nur mittelmäßige oder gar schlechte Punkte bei der Urteilsbildung. Diese schlechte Punktezahl kann an verschiedenen Fehlern liegen. Entweder hat man nicht richtig verstanden, wie eine

Urteilsbildung, bzw. eine Diskussion strukturell aufgebaut ist (nämlich so wie der Lehrer das mag; meist also in irgendeiner Form bestehend aus These, Argumente, Beispiele, Widerlegung möglicher Gegenargumente, Relativierung der eigenen Argumente). Oder aber man ist zu wenig auf verschiedene Aspekte eingegangen oder hat die Position des Autors aus der Textquelle nicht richtig verstanden.

Aufarbeitung: Hier noch einmal der Tipp: Vertrete niemals eine Extremposition. Meist liegt die Wahrheit sowieso irgendwo in der Mitte, und fast alle Lehrer reagieren allergisch darauf, wenn du eine zu einseitige Meinung hast. Du solltest immer beide Seiten anerkennen, Argumente beider Seiten erwähnen. Und am Ende solltest du am besten immer ein sehr moderates Urteil fällen, das etwa so aufgebaut sein könnte: »Zusammenfassend lässt sich also sagen, dass einerseits .... Es überwiegen jedoch die Argumente der anderen Seite .... Abschließend lässt sich also feststellen, dass die Argumente für X überwiegen, allerdings auch Y nicht außer Acht gelassen werden darf.«

Finde heraus, warum du nicht in der Urteilsbildung überzeugen konntest. Lag es an a) keinem überzeugenden Aufbau deines Textes, b) einer nicht genug differenzierten Urteilsbildung (auf zu wenige Aspekte eingegangen) oder c) hast du das zu diskutierende Statement/Meinung nicht richtig verstanden und konntest deshalb nicht präzise darauf eingehen?

Zu oberflächlich gewesen

Manchmal hat man zwar mehr oder weniger alle relevanten Punkte erfasst und auch benannt und trotzdem nicht so viele Punkte bekommen wie gewünscht. Das liegt meist daran, dass man nicht genau genug gewesen ist. Oft passiert das, wenn man zwar alles recht gut versteht, aber kaum Details für die eigenen Überlegungen liefert. Dafür gibt es zwei Hauptursachen: 1. Du hast nicht genug auswendig gelernt und kannst deshalb deine Argumente nicht mit Beispielen, Zahlen und Fakten belegen. 2. Du arbeitest nicht sauber genug am Text bei deiner Analyse. Wenn du etwa Thesen des Autors herausarbeitest, verschlampst du es, alle Argumente des Autors für seine Thesen zu benennen oder Zitate des Autors, die seine Thesen belegen, anzuführen. Finde heraus, weshalb du zu ober-flächliche Dinge in die Klausur geschrieben hast!

Aufarbeitung: Wenn deine Texte zu oberflächlich gewesen sein sollten, hast du garantiert nicht genügend im Detail gelernt. Lerne das nächste Mal mehr Zahlen, Daten und Fakten und bringe sie geschickt in deinen Text ein.

Abiturklausuren

Grundsätzlich sind Abiturklausuren nicht anders als normale Klausuren. Wie für jede andere Klausur auch wirst du für die Abiturklausur ebenfalls auswendig lernen, verstehen, rechnen, üben müssen. Der einzige Unter-schied zu den anderen Klausuren liegt in der Menge des Stoffs, den du parat haben musst. In den Abiturklausuren wird in den meisten Bundes-ländern vorausgesetzt, dass man den Stoff aller Semester kennt.

Also muss man alles lernen?

Nicht unbedingt. Nicht immer. Ein wenig kommt es darauf an, wie das Abitur und seine Inhalte in den einzelnen Bundesländern geregelt sind; ich kann hier nur erzählen, wie es für mich in Berlin war. In Geografie hat-ten wir zwei Klausuren zur Auswahl, die sich schwerpunktmäßig jeweils auf eines der Semester bezogen. Wenn man ein wenig mitdenkt, fällt auf, dass man also ein Semester beim Lernen komplett wegfallen lassen kann oder zumindest nur sehr oberflächlich bearbeiten muss. Wenn du nur Se-mester 1, 2 und 3 kannst, dann wirst du, selbst wenn eine Klausur Thema 4 betrifft, die andere Klausur nehmen können, denn die muss sich ja dann auf Semester 1, 2 oder 3 beziehen.

Aber Achtung! »Auf Lücke lernen« kann auch gefährlich sein! Wenn du Semester 1, 2, 3 lernst und dann Semester 3 und 4 zur Auswahl stehen, dann musst du dich für die Klausur über Semester 3 entscheiden. Aber angenommen, die ist richtig ungünstig für dich, weil die Aufgaben total blöd formuliert sind? Dann hast du Pech gehabt.

Ein Semester beim Lernen auslassen oder nur oberflächlich lernen würde ich daher nur, wenn es drei Klausuren zur Auswahl gibt. Im schlechtesten Falle kannst du dich dann zwischen zwei Klausuren entscheiden, für die du gelernt hast. Wenn du auf Nummer sicher gehen willst, lernst du natürlich alles – dann hast du wirklich freie Wahl und kannst die Klausur wählen, die dir am besten passt.

Zentral geschriebene Klausuren

Viele Schüler glauben, dass man in zentral geschriebenen Klausuren schlechter abschneidet. Das stimmt in der Mehrheit der Fälle nicht. Wenn man sich die Vorher- und Nachher-Noten anschaut, dann fällt auf, dass so gut wie immer Klausuren dort schlechter ausfallen, wo dezentral geschrieben wird. Das liegt vor allem daran, dass die Ersteller des Zentralabiturs beachten müssen, dass auch Schüler der leistungsschwächeren Schulen mit den Klausuren zurechtkommen müssen. Mach dir also keine zu großen Sorgen, dass die Klausuren irgendwie schwerer werden, wenn du in einem Bundesland mit Zentralabitur zur Schule gehst.

Du musst aber auf eine wirklich wichtige Sache achten: Die zentral geschriebenen Klausuren orientieren sich immer sehr streng am Rahmenlehrplan. Das bedeutet also, dass rein theoretisch alle Inhalte abgefragt werden können, die auf den Rahmenlehrplänen ausgewiesen sind. Wenn ihr also in euren Schulkursen ein oder zwei Themen, die im Rahmenlehrplan festgehalten sind, nicht bearbeitet habt, dann musst du unbedingt deinen Lehrer informieren, um Material bitten und den Stoff zusätzlich auf eigene Faust lernen.

Ansonsten gilt bei den Zentralabiturklausuren alles, was auch bei den anderen Klausuren gilt. Je nachdem, ob die Klausur in einem geisteswissenschaftlichen, sprachlichen oder naturwissenschaftlichen Fach geschrieben wird, gilt es, die speziellen Vorbereitungen in diesen Fächergruppen zu beachten. Außerdem solltest du dir ein Aufgabenbuch kaufen, in dem die Zentralabiturklausuren der vergangenen Jahre mit Lösungen zu finden sind. Mit der »Lösung-Abdecken-Selbst-Aufgabe-Lösen«-Methode solltest du vor der Zentralabiturklausur mindestens fünf Klausuren durchgearbeitet haben. Schau dir jeweils ganz genau den Erwartungshorizont an, damit du ein genaues Gefühl dafür bekommst, was die Zentralprüfer voraussetzen. Das ist die beste Vorbereitung, die du für eine Zentralabiturklausur absolvieren kannst.

Fang zwei Jahre vorher an, dich vorzubereiten

Wenn du die gesamte Oberstufenzeit über fleißig gelernt, immer alles verstanden und deine Einsen in den Klausuren geschrieben hast, dann brauchst du dir überhaupt keinen Kopf wegen der Abiturklausuren zu machen. De facto wirst du sogar nur weniges neu lernen müssen. Eigentlich musst du nur noch einmal Wissen, das du bereits verstanden hast, wiederholen. Du wirst merken, das geht sehr schnell.

Um genau zu sein, habe ich für eine der Klausuren keine drei Stunden gelernt und trotzdem eine 1+ geschafft. Und insgesamt habe ich vielleicht pro Klausur über drei Tage verteilt insgesamt zehn Stunden gelernt, wovon wohl drei Stunden nur für die Erstellung der Zusammenfassungen draufgegangen sind. Du meinst, ich habe zu wenig gelernt? Vielleicht. Immerhin habe ich in Englisch in der Abi-Klausur nur 12 Punkte geschafft. Sicherlich hätte ich durch mehr Lernen diese Note noch auf mindestens 14 pushen können. Aber bis zu den Abiturklausuren hatte ich schon so viele 15er gesammelt, dass ich auch mit ausschließlich 11er- und 12er-Bewertungen in den Abiturklausuren noch ein 1,0-Abitur geschafft hätte. Sammele die Lorbeeren also vom ersten Tag der Oberstufe an! Dann hast du null Stress vor den Abiturklausuren.

Die beste Vorbereitung für die Abiturklausuren beginnt also zwei Jahre vor den richtigen Klausuren. Tu in dieser Zeit alles, um Top-Noten zu erlangen. Das ist wirklich die beste Vorbereitung, die du für deine Abiturprüfungen treffen kannst.

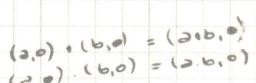

$$(a,0) + (b,0) = (a+b, 0)$$
$$(a,0) \cdot (b,0) = (a \cdot b, 0)$$

$$\sinh x = \frac{e^x - e^{-x}}{2}$$

NACHWORT

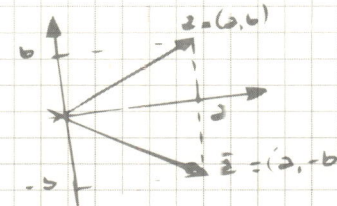

Ich hoffe, du konntest viele nützliche Informationen aus diesem Buch ziehen. Lies zu gegebenen Anlässen immer wieder mal einzelne Kapitel, die gerade zu deiner schulischen Situation passen, und wende sie an. Sei dir darüber im Klaren, dass du vor allem anfangs richtig zu kämpfen haben wirst. Und sei dir auch bewusst, dass du immer wieder Rückschläge erdulden musst. Mit der Zeit wirst du aber immer bessere Noten bekommen und gleichzeitig immer weniger dafür tun müssen. Es ist ein unglaublich lohnenswertes langfristiges Investment. Du kannst jede Note erreichen, die du dir vornimmst, egal was bisher war und egal was die anderen sagen. Deshalb wollte ich dieses Buch hier schreiben. Wenn ich es geschafft habe, dann kannst du das auch schaffen! Also dann mal ran an die Arbeit!

Danksagung

Dieses Buch wäre niemals zustande gekommen, hätten mich nicht so viele Menschen dabei unterstützt, zunächst einmal das 1,0-Abitur zu schaffen und dann auch noch dieses Buch zu schreiben.

Als Allererstes möchte ich mich deshalb bei meiner Familie bedanken. Ihr seid die wichtigsten Menschen in meinem Leben und ohne euch wäre ich nichts. Mama, Papa, Schwester Estelle, Großmutter Renate, Großmutter Aldona und alle weiteren Familienmitglieder – einer für alle und alle für einen!

Besonders herzlich möchte ich mich auch bei meinen Lehrern und bei meiner Schulleitung dafür bedanken, dass sie mich damals nicht aufgegeben haben, sondern mir eine zweite Chance gaben und mich aktiv und selbstlos gefördert haben. Dafür werde ich euch für immer dankbar sein. Wir sind eindeutig die allerbeste Schule, weil wir die allerbesten Lehrer haben! Ich möchte mich auch für all das Wissen bedanken, das ihr mir vermittelt habt, und für die humanistischen Werte, die ihr mir an dieser interreligiösen Schule tagtäglich vorgelebt habt. Besonders möchte ich mich bei Herrn Hochgräber bedanken, der mir bis heute stets mit Rat und Tat zur Seite steht.

Danken möchte ich auch Herrn Döring, meinem langjährigen Nachhilfelehrer, dessen geniale Erklärungen mir immer sehr weiterhalfen. Mein besonderer Dank gilt auch meinem guten Freund Denys Shaydenfish, einem 1,0-Abiturienten aus Düsseldorf und nun Medizinstudent an der WWU Münster, für seine unterstützenden Kommentare und Anregungen.

Meinen Cousin Leo möchte ich hiermit offiziell herausfordern, meinen Schnitt zu schlagen. Viel Glück, Leo!

Und ich möchte mich natürlich auch recht herzlich bei dir dafür bedanken, dass du dir die Zeit nimmst und mein Buch liest. Das bedeutet mir wirklich sehr viel. Ich hoffe, dass du viel von meinen Ratschlägen profitieren kannst und in der Schule alles erreichst, was du schaffen möchtest. Ich wünsche es dir sehr, und ich weiß, dass du es schaffen wirst.

GREIF AN!

Der
Sympathie
Schalter

Ein FBI-Agent enthüllt, wie
man Menschen für sich gewinnt

Auch als E-Book erhältlich

Jack Schafer
mit Marvin Karlins

mvgverlag

320 Seiten
16,99 € (D) | 17,50 € (A)
ISBN 978-3-86882-588-6

Jack Schafer,
Marvin Karlins

Der Sympathie-Schalter

Ein FBI-Agent enthüllt,
wie man Menschen für
sich gewinnt

FBI Special Agent Jack Schafer weiß aus jahr-
zehntelanger Geheimdienstarbeit in der Ter-
ror- und Spionageabwehr wie kein anderer, wie
man Menschen liest, beeinflusst und für sich
gewinnt. Dabei ist über die Jahre seine Überzeugung gereift: Jeder kann lernen, andere für sich
einzunehmen, jeder kann den Sympathie-Schalter bei seinem Gegenüber umlegen.

Wie mache ich einen guten ersten Eindruck, wie
baue ich eine dauerhafte Beziehung auf, wie
finde ich heraus, was andere wirklich über mich
denken? *Der Sympathie-Schalter* gibt Antworten auf diese Fragen. Mit Jack Schafers Techniken schafft es jeder, gemocht zu werden – ob für
einen Moment oder ein Leben lang.

208 Seiten
9,99 € (D) | 10,30 € (A)
ISBN 978-3-86882-618-0

Matthias Pöhm

Das NonPlusUltra der Schlagfertig-keit

Die besten Techniken
aller Zeiten

So setzt man seine Gegner sprachmatt! Matthias Pöhm, der »Schlagfertigkeitspapst«, hat hier die besten Techniken aller Zeiten zusammengetragen, die es garantiert ermöglichen, in Zukunft blitzschnell zu kontern und richtig ins Schwarze zu treffen. Ob man sich gegen dumme Sprüche zur Wehr setzen muss, ernsthafte Diskussionen gewinnen oder einfach witzigere Bemerkungen machen möchte – hier sind für jeden die richtigen Strategien dabei, um den Gegner sprachlos zu machen!

Ein Buch für alle, denen die schlagfertige Antwort wieder zu spät eingefallen ist.

Auch als **E-Book** erhältlich

208 Seiten
16,99 € (D) | 17,50 € (A)
ISBN 978-3-86882-564-0

Jens Hoffmann

Menschen ent-schlüsseln

Ein Kriminalpsychologe erklärt, wie man spezielle Analyse- und Profiling-techniken im Alltag nutzt

Wie gut kennen Sie Ihre Freunde und Kollegen? Ist der Mensch, mit dem Sie das Büro teilen, ein Fremder für Sie? Es ist gar nicht so leicht, andere Menschen richtig einzuschätzen. Denn viele der 15 bekannten Persönlichkeitsstile sind nicht gleich auf den ersten Blick zu erkennen, manche, wie der Narzissmus, fallen dagegen schnell auf. Aber was tut man, wenn der eigene Chef ein Narzisst ist? Oder sich der neue Flirt als hartnäckiger Querulant entpuppt? Dr. Jens Hoffmann ist Kriminalpsychologe und Experte für Profiling. In seinem Buch zeigt er die besten Tipps im Umgang mit Boss-Typen, Psychopathen, Narzissten, dramatischen Persönlichkeiten und anderen. Umrahmt von vielen Fallbeispielen aus seinem Berufsleben hat Dr. Jens Hoffmann sein Wissen so aufbereitet, dass jeder im Alltag davon profitiert und die Zeit der Täuschungen ein für alle Mal vorbei ist.

DIE KUNST DES MENTALEN TRAININGS

Ein US-Agent und Marineflieger erklärt, wie man seine geistigen Fähigkeiten verbessert

Auch als **E-Book** erhältlich

mvgverlag

D.C. GONZALEZ

160 Seiten
9,99 € (D) | 10,30 € (A)
ISBN 978-3-86882-563-3

Daniel Gonzalez

Die Kunst des mentalen Trainings

Ein US-Agent und Marine-flieger erklärt, wie man seine geistigen Fähigkei-ten verbessert

In diesem kompakten Trainingshandbuch lehrt der Autor effektive Techniken des mentalen Trainings, die zu Höchstleistungen motivieren. Eine Grundannahme dabei ist, dass innere Vorgänge und die innere Wahrnehmung des Menschen in Einklang gebracht werden müssen. Störungen in diesem Bereich führen zu ineffektivem Verhalten. Sind sie lokalisiert, können sie mit speziellen Techniken bearbeitet werden. Der Autor hilft darüber hinaus Ziele zu definieren, um diese dann erfolgreich umzusetzen.

Dabei werden nicht nur die Grundlagen des Mentaltrainings gelehrt, sondern auch die weiterführenden Strategien, die jedermann helfen, seine ganz persönliche Leistung um ein Vielfaches zu erhöhen.